二十几岁靠自己，你必须懂点经济学

向宇◎著

文化发展出版社
Cultural Development Press
·北 京·

图书在版编目（CIP）数据

二十几岁靠自己，你必须懂点经济学 / 向宇著 .—北京 ：文化发展出版社，2025．1．— ISBN 978-7-5142-4576-9

Ⅰ．F0-49

中国国家版本馆 CIP 数据核字第 2024TQ9386 号

二十几岁靠自己，你必须懂点经济学

著　　者：向　宇

责任编辑：孙豆豆　　　　责任印制：杨　骏
特约编辑：滕龙江　　　　责任校对：岳智勇
封面设计：周　飞
出版发行：文化发展出版社（北京市翠微路 2 号　邮编：100036）
网　　址：www.wenhuafazhan.com
经　　销：全国新华书店
印　　刷：永清县晔盛亚胶印有限公司

开　　本：880 mm×1230mm　1/32
字　　数：161 千字
印　　张：7
版　　次：2025 年 1 月第 1 版
印　　次：2025 年 1 月第 1 次印刷

定　　价：45.00 元
ISBN：978-7-5142-4576-9

前　言

一提起经济学，很多人就会联想到深奥难懂的经济名词及其原理，还来不及深想，就开始头疼了，于是很多人对经济学敬而远之、望而生畏。

其实，我们在生活中无时无刻、无处不在地运用了经济学思维。生活中许多事都与经济学有关联。正如美国著名经济学家保罗·萨缪尔森所说的："学习经济学并非要让你变成一个天才，但是不学经济学，那么命运很可能会与你格格不入。"

在当今这个经济占主导的社会里，经济学的作用之一就是解释日常生活中最重要也是最琐碎的经济现象，即个人的衣食住行都与国家的经济发展息息相关。例如，商品价格起伏涨跌，口袋里的钞票价值增减，是买房还是炒股……每一件小事背后其实都有一定的经济规律和法则可循，我们的生活已经离不开经济学了。所以，我们应该对经济学常识、社会经济现象和相应的经济政策等问题有所了解，这样才能更好地了解自己所处的社会经济环境，更好地把握自己的工作和生活，更好地去设计自己的未来，使自己在面对问题时作出的抉择更加理性、更加合理。

经济学不是高不可攀的，不是枯燥无味的。在1976年诺贝尔经济学奖得主经济学家米尔顿·弗里德曼眼中，“经济学是一门迷人的科学，最令人着迷的是，经济学的基本原理是如此简单，只要一张纸就可以写完，而且任何人都可以了解”。萨缪尔森则开玩笑说，如果能教会鹦鹉说“需求”和“供给”这两个词，那么这只鹦鹉就可以被称为一个经济学家。

经济学就在我们身边，生活就是课堂。任何深奥的理论，总是从生活中提炼出来的，它也必定可以以最贴近生活的样子被还原出来。而本书的目的就是让经济学走进寻常百姓家，即使年轻如你，也一样可以读懂。

本书以经济学的核心概念为主线，从生活化的场景出发，用生动有趣的故事、深入浅出的说理来解读经济学的知识，引导读者去领悟经济学的智慧，并且能够在生活中自如运用。

阅读本书，你得到的将会是一次与经济学的心灵对话。读完后，相信你会理解经济学，运用经济学，爱上经济学。

目　录

第一章　走进经济学：了解经济学十大原理

第二章　消费经济学：把钱花在刀刃上

第三章　营销经济学：做个会卖瓜的“王婆”

第四章　投资经济学：你将是下一个有钱人

第五章　管理经济学：当好团队的领头羊

第六章　博弈经济学：怎样赢得更多的利益

第七章　宏观经济学：关心国计民生

第一章

走进经济学：了解经济学十大原理

挨饿受冻，还是赶走猫——选择

过去，有一个人家里老鼠成灾，他就找了一只猫来捕鼠。这只猫很会捕鼠，但是也咬鸡。一段时间后，家里的老鼠没有了，但是鸡被咬死了几只。于是，他的儿子问父亲："我们为什么还要留着一只专爱咬鸡的猫在家呢？"父亲说："这里面有这样一个道理，老鼠不但偷吃我们的粮食，还咬坏我们的衣服，如此横行下去，我们就会挨饿受冻；没有了鸡，我们只是暂时吃不上蛋罢了，可比挨饿受冻好上一大截。我们为什么要赶走猫呢？"

从这个故事中可以看出，一件事情的得失，关键在于决策人有没有权衡的能力和取舍的魄力。冷静地权衡事物的利弊得失，才能收获更多的利益。要想过上不挨饿受冻的日子，就必须舍鸡养猫，付出代价才可能得到回报。可见，要想达到自己的目的就要学会权衡；有权衡，则必定会有取舍。一个人在生活中面对抉择时，只有保持冷静、清醒的头脑，对事物作出正确的权衡取舍，才能获得最理想的结果。

从某种意义上说，经济学就是关于权衡取舍的学问。美国著名经济学家保罗·萨缪尔森说："经济学研究人与社会如何做出最终抉择，在使用或者不使用货币的情况下，使用可以有其他用途的稀缺的生产性资源，在现在或将来生产产品，并把产品分配给各个成员以供消费之用。它分析改进资源配置形式可能付出的代价和可能产生的效益。”因此，学会权衡取舍，才能做出适合的决策，获得最大收益。

人的欲望是无限的，但用于满足欲望的资源是有限的，所以，要决定用什么资源去满足欲望，这就是资源配置问题。资源配置的实质是权衡取舍，即在取舍之间实现利益的最大化。

生活中权衡取舍的例子比比皆是。只要生活中发生的事件存在两个以上的选择条件，并且相互可以形成对比以及利弊关系的，都可以构成权衡取舍的条件。例如，大学毕业后，面临着是否继续深造的选择。选择继续上学攻读硕士学位，就意味着在今后三年中放弃参加工作、挣工资和积累社会经验的机会。这显然就是取舍的问题。又如，一个家庭拥有30万元的存款，是选择全家出国旅游，还是选择购买汽车、添置家具呢？选择了出国旅游就无力再买车和添置家具，而买了车、添置了家具就不能出国旅游……做这些决策的过程其实就是“权衡取舍”的过程。

取舍哪一个，如何权衡？从经济学的角度来说，所应遵循的策略原则只有一条：趋利避害，选择对自己利益最大化的结果。

生活中充满了选择。每个人都会面临各种各样的选择，生活就是在不断地“权衡取舍”。现代社会可供选择的对象太多，我们该如何选择，也是在考验我们的“权衡取舍”智慧。权衡取舍的情况越多，意味着人们的选择和自由度越大。所以，我们要重视生活中的每一次权衡取舍。

“权衡取舍”是一门高深的学问，而以经济学的思维思考问题，对于我们的选择必将有所裨益。商业社会中有很多人患有“选择型恐惧症”，就是因为自己的选择一再失误，从而不敢再去做选择了。所以，我们所要做的是，把握好每一次机会，尽量做出正确的取舍。如果我们足够重视这一点，将有助于我们做出更好的决策。

东家吃饭，西家住宿——机会成本

战国时期，齐国有一户人家有一个女儿，有两家男子同时来求婚。东家的男子长得丑，但是很有钱；西家的男子长得俊美，但是很穷。父母一时间陷入了两难之中，不知道该如何抉择，因为无论选择哪个都会有所失。

于是父母便征询女儿的意见："你自己决定愿意嫁给谁。要是难以启齿，不便明说，就袒露一只胳膊，让我们知道你的意思。"

没想到女儿听完之后，把两只胳膊全都露了出来！

父母感到奇怪，问其原因，女儿说："想在东家吃饭，在西家住宿。"

很明显，在现实生活中，这样的选择根本是不可能的。"熊掌"和"鱼"是不可以同时拥有的，这就是选择的机会成本。对于上例中的女儿来说，东家、西家都具有吸引力，无论选择哪个，都会造成机会成本的损失，这也就是她不能做出决策的原因。

所谓机会成本，就是因选择行为而产生的成本，也称为选择成本。它是指做一个选择后所丧失的不做该选择而可能获得的最大利益。简单地讲，可以理解为把一定资源投入某一用途后所放弃的在其他用途中所能获得的利益。

更加简单地讲，就是指你为了从事某件事情而放弃其他事情的价值。例如，一个农民有一块土地，他可以选择养猪，或者种菜。如果选择养猪就不能种菜，那么养猪的机会成本就是种菜的收益。假设养猪可以获得1000元，种菜可以获得800元，那么养猪的机会成本是800元；同样，种菜的机会成本则为1000元。又如，当一个厂商决定生产一辆汽车时，这就意味着该厂商不可能再用生产汽车的经济资源来生产20辆自行车。于是便可以说，生产一辆汽车的机会成本是20辆自行车。如果用货币数量来代替对实物商品数量的表述，且假定20辆自行车的价值为10万元，则可以说，一辆汽车的机会成本是价值为10万元的其他商品。所以，从经济学家的观点来讲，成本要从机会成本的角度来看。

知道机会成本后，对于选择的问题就会容易一些。很多时候，我们难以抉择是因为没有从机会成本的角度来考虑问题：我们总在比较各个选项的优点，即我们可以从各个选项中获得的利益，而不是我们选择后失去的代价。所以请记住，选择就要付出代价。当你得到一个机会时，往往会失去另一个机会。而该选择哪个机会，则需要通过计算机会成本来加以权衡，即选择一件东西的机会成本是为了得到这件东西所放弃的其他东西的价值。

1812年，拿破仑率领的法国人从莫斯科撤走后，两个农夫在街上寻找财物。他们发现了一大堆未被烧焦的羊毛，两个人就各分了一半捆在自己的背上。

归途中，他们又发现了一些布匹，农夫甲将身上沉重的羊毛扔掉，选些自己扛得动的较好的布匹；农夫乙却没有去捡布匹，反而将农夫甲丢下的羊毛统统捡起来，重负让他气喘吁吁、行动缓慢。

走了不远，他们又发现了一些银质的餐具，农夫甲将布匹扔掉，捡了些较好的银器背上，农夫乙却因沉重的羊毛压得他无法弯腰而作罢。

突降大雨，农夫乙身上的羊毛被雨水淋湿了，他踉跄了几下，摔倒在泥泞当中。农夫甲却一身轻松地回家了，他变卖了银餐具，生活富足起来。

在这个事例中，羊毛、布匹和银制餐具的价值差异显而易见，农夫甲通过比较机会成本，做出了正确的决策，而农夫乙却做出了错误的决策。

从经济学的角度来说，人们计算机会成本一般只是为了找到最佳的要素组合，从总体上得到最大的利益。人们在日常生活中会面临各种各样的选择，而有选择就需要计算机会成本。因此，这是一个对任何人来说都很重要的经济学概念。人们在决策时，经常会比较各个备选项的成本和收益，只有所获收益高于成本，人们才更倾向于采取行动。

比如，一个孩子高中毕业，是选择上大学，还是直接参加工作？这也可以用机会成本进行分析。小袁生活在一个三线城市。如果不上大学，从18岁开始打零工，工作到60岁，共工作42年，预估平均每年收入是5万元，共210万元。如果上了大学，22岁工作，工作到60岁，共工作38年，平均每年收入是8万元的话，共304万元，减去上大学的成本12万元，剩下292万元。与不上大学的收入比较，上了大学多得82万元。这还没考虑学历高所带来的名誉、地位等其他效应。从长远来说，上了大学往往可以获得更大的收益，这种选择符合经济学中的机会成本理论。

但对一些有特殊才华的人，情况可能就不是这样了。比如，一个有篮球天赋的青年，如果在高中毕业以后打篮球为业，每年可收入300万元。这样，他上大学4年的机会成本就是1200万元。

可见，机会成本这个概念在对日常生活中做出决策时的影响是十分明显的。要做出最明智的选择就需要斟酌一件事情中的得与失，计算出机会成本。

机会成本可以用来分析很多领域，生活中到处存在着机会成本。善于利用机会成本分析利弊，做出效用最大化的选择，是理性人的首选。

吃一块三明治 与吃三块三明治的区别——边际

有一位总统连任三届后，曾有记者问他有何感想。总统一言不发，只是拿出一块三明治面包让记者吃。这位记者不明白总统的用意，又不便问，只好吃了。接着，总统拿出第二块，记者还是勉强吃了。紧接着，总统拿出第三块，记者为了不撑破肚皮，赶紧婉言谢绝。这时总统微微一笑："现在你知道我连任三届总统的滋味了吧！"

这个故事揭示了经济学中的一个重要的原理：边际效用递减规律。

在经济学上，边际的意思是"最后的"或者"新增的"。边际考虑就是只考虑最后的一个或者新增加的一个引起的变化，从而判断事情的整体性质。经济学家把它作为一种理论分析工具，可以用于经济中的任何可以衡量的事物。

而效用，从经济学的角度讲，则是指人从消费某种物品（或劳动）中得到的满足程度。一般情况下，消费的各种物品越多，所得到的效用也越大。

边际效用递减规律就是：随着购买某种商品数量的增加，

该商品带给的新增效用就会逐渐减少，从而愿意付出的价格也随之下降。生活中这样的例子有很多。比如，当你口渴的时候，你愿意花2元钱买一杯矿泉水，这说明你对这杯水做出了值2元钱的主观评价（可看作它可以给你带来2元钱的效用）。当你喝下这杯水之后，口不那么渴了，于是此时你只愿意以1元钱买第二杯水，即它只给你带来1元钱的效用，这1元钱的效用就是第二杯水的边际效用。第二杯水下肚，你已经不口渴了，也不愿花钱买水了，除非第三杯水白送给你喝。于是，第三杯水给你的效用是0，即第三杯水的边际效用是0。第三杯水下肚，你的肚子已经胀了，如果还要你喝第四杯，你不但不觉得舒服，反而觉得难受，这第四杯水给你带来的就是负效用，它的边际效用也是负的了。也就是说，假设其他条件不变，一个人对一种商品的消费量越多，那么，这种商品对于他的边际效用是逐渐减少的，这就是边际效用递减规律。

边际效用递减是一种源于生理和心理上的感受。效用是消费者的心理感受，消费某种商品实际上就是为消费者提供某种刺激，使人有一种满足的感觉或心理上产生某种反应。消费某种商品时，开始时的刺激一定大，从而人的满足程度就高。但不断消费同一种商品，即同一种刺激不断反复时，人在心理上的兴奋程度或满足感必然减少。或者说，随着消费数量的增加，效用不断累积，新增加的消费所带来的效用越来越微不足道。

边际效用递减在生活中无处不在。例如现在很多面馆卖的面，量少而精致，目的就是让人吃了还想再吃，让边际效用不要递减得太快。如果份量太足，一碗还没吃完就撑得要命，谁还愿意下次再来吃呢？又如，朋友好长时间不见，见了面热乎得不得了，可相处久了，又容易觉得厌烦起来，这也是边际效用递减在发挥作用，所以才有“客久主不留”。

边际学派认为，人们在资源有限的情况下，往往不能使全部欲望得到满足，只能根据欲望的重要性进行分配，首先满足最重要的和较重要的，但是总有一个是最后被满足的最不重要而意义最小的处在边沿上的欲望，它是在随着资源的减少而首先被放弃的欲望。这种欲望就是边际欲望，满足这种边际欲望的能力就是边际效用。

边际理论认为，决定物品价值的不是它的最大效用，不是它的平均效用，而是它的最小效用，即由它的边际效用来决定的。

在经济学中，边际效用是一个十分重要的概念，边际效用递减也是经济学的基本规律之一。经济学家用边际效用解释价值，引起了经济学上一种革命性变化。所以，边际效用理论的出现被称为经济学中的“边际革命”，它成为现代经济理论的基石之一。

了解了边际效应的概念，你就可以尝试在实际生活中运用它。例如，你是公司老板，要给员工涨工资，同样是涨500元，但涨给月薪5000元的人所带来的效应比给月薪1万元的人要大，可能和月薪1万元的人涨1000元的效应相当，所以似乎给低收入的人增加月薪对公司更有利。另外，经常靠增加薪水来维持员工的工作热情看来也是不行的，第一次涨薪500元后，员工非常激动，大大增加了工作热情；第二次涨薪500元，很激动，增加了一些工作热情；第三次涨薪500元，有点激动，可能增加工作热情；第四次……直至涨薪带来不了任何效果。

如果想避免这种情况，每次涨薪都想达到和第一次涨薪500元相同的效果，则第二次涨薪可能需要1000元，第三次需要1500元……或者使用其他激励措施。例如，第二次可以安排其参加职业发展培训，第三次可以对其在职位上进行提升，虽然花费可能相当，但由于手段不同，达到了更好的效果。

边际效用理论的应用非常广泛，例如经济学上的需求法则也是以此为依据的，即消费者购买或使用商品数量越多，则其愿为单位商品支付的成本越低（因为后购买的商品对其带来的效用降低了）。这也给企业经营者一些启示，如果企业连续只生产一种产品，它带给消费者的边际效用就在递减，消费者愿意支付的价格就低了。如何改变这种情况？在经济领域的产品多样化理论可以解决这个问题。因为，企业不断创造出多样化的产品，即使是同类产品，只要不相同，就不会引起边际效用递减。例如，同类服装做成不同式样，就会成为不同产品，就不会引起边际效用递减。如果服装式样完全相同，则会引起边际效用递减，消费者就不会多买这种类型的服装。

综上所述，边际效用是经济学的基本理论之一，不仅在理论上，而且在生活和工作中起着相当大的作用，我们在实践中也可以运用它。

马大脑袋为什么不唱歌了——激励

某情景喜剧中有这样一个故事：

有一个外号叫“马大脑袋”的酒鬼，每天喝完酒就扯着嗓子在楼道里唱歌，弄得左邻右舍都不得安宁，大家想了各种办法都无法解决。老牛头知道后，想出了一个办法。一天，马大脑袋又在楼道里大声地唱歌，老牛头便把马大脑袋叫到身边说：“你唱歌很好听，以后，你天天来我家给我唱歌，一次给你2元钱。”说完，老牛头拿出2元钱递给马大脑袋，马大脑袋非常高兴。

第二天，马大脑袋来给老牛头唱歌。老牛头听完后，拿出1元钱递给马大脑袋，并对他说："你今天唱得没有昨天好，只能给你1元钱。"马大脑袋有些意外，也有些不高兴，但还是勉强接受了。

第三天，马大脑袋又来了，老牛头对他说："你唱得不好听，以后每天只能给你1角钱了。"马大脑袋彻底被惹怒了："给这么少的钱，以后我再也不给你唱歌了！"

从此，楼道里没有了歌声，大家又过上了安适而平静的生活。

从经济学角度出发，如果把老牛头给马大脑袋钱的行为看作对马大脑袋的激励，马大脑袋接受老牛头的钱是为了获得个人利益的话，那么当老牛头对马大脑袋的激励逐渐减少时，马大脑袋会认为自己的利益已经受到损害，不愿意再给老牛头唱歌。在马大脑袋看来，唱歌是因为有金钱的激励，当激励减少时，他当然愤愤不平。老牛头就是成功运用"反激励"达到了自己的目的。

经济学的基本前提是承认人的本性是利己的，所以人们在做选择时，会考虑边际量所处的成本和收益。一旦成本和收益中有任何一方发生变动，或是两方都发生变动的情况下，人们的选择都会随之发生改变。这些促使人们改变行为的因素就是激励。也就是说，成本和收益的变动改变了人们的激励，同时人们会对激励做出选择。

作为经济学中的重要原理之一，激励存在于人们的任何决策和行为之中。就个人而言，根据行为科学，只有尚未满足的需要才有激励作用，已经满足的需要只能提供满意感。需要本身并不能产生激励，对满足需要的期望才真正具有激励作用。例如，"如果你这次期末考试平均成绩90分以上，爸爸就带你去游乐场玩个痛快”“如果你考上大学，妈妈就给你买个笔记本电脑”，这些是我们生活中常常听到的话，你是不是也曾为了父母的一句许诺而用功学习？这其实就是一种激励，相信没有人对“激励”会无动于衷，而总会对激励做出合乎理性的反应。经济学中的激励原理在生活中有很多例子，特别是在企业管理中。

20世纪70年代，美国联邦快递公司处于初创阶段，为了打败竞争对手，管理层努力提升包裹的运送效率。然而他们遇到了一个巨大的难题，就是夜班的效率总是提不起来。管理层为此想了很多的办法，对员工进行各种各样的培训、说教甚至上升到道德高度，然而全都不奏效，为此伤透了脑筋。

在种种努力全都失败之后，他们突然意识到夜间的工作是按照小时计费的，员工并没有任何动机去提升效率。于是，管理层很快把工资改为计件制，只要完成任务可以提早下班回家休息。

问题瞬间解决了！大家争先恐后地提前完成任务，或者早下班，或者干更多的工作赚更多的钱。管理层看到这一结果，后悔为什么没能早一点想出来呢！

从这个事例中，我们可以得出这样的结论：一个好的激励制度可以有效满足个人利益需求，激发组织成员的无限工作动力。

一种制度把个人利益与组织整体利益统一起来，让个人在实现自身利益的同时实现了组织的整体利益，这样的制度就是激励机制。激励机制一旦形成，它就会内在地作用于组织系统本身，使组织机能处于一定的状态，并进一步影响组织的生存和发展。

在能力一定的情况下，激励水平的高低将决定其工作成绩的大小。综合运用多种激励方法是有效提高激励水平的一大法宝。激励机制是否产生了影响，取决于激励方法能否满足个人的需要。主要的激励包括以下5种。

1. 物质激励

通过满足个人利益的需求来激发人们的积极性与创造性。因此，应只对成绩突出者予以奖赏，如果见者有份，既助长了落后者的懒惰，又伤害了优秀者的努力动机，从而失去了激励意义。

2. 精神激励

通过满足个人的自尊、自我发展和自我实现的需要，在较高层次上调动个人的工作积极性。精神激励主要有目标激励、荣誉激励、感情激励、信任激励、尊重激励。

3. 任务激励

让个人肩负起与其才能相适应的重任，由社会提供使个人获得成就和发展的机会，满足其事业心与成就感。

4. 数据激励

明显的数据对人产生明显的印象，激发强烈的干劲。数据激励，就是把各人的行为结果用数字对比的形式反映出来，以激励上进，鞭策后进。

5. 强化激励

对良好行为给予肯定，即正强化，使之能继续保持；对不良行为给予否定与惩罚，即负强化，使之能记住教训，不再犯同样的错误。

在任何组织中，引入激励机制都是必不可少的。激励机制一方面可以调动大家工作的积极性，另一方面可以增加团队业绩，达到双赢。激励机制可以有效控制得过且过、做一天和尚撞一天钟的行为出现，可以使工作更有生机和效率。有句名言说得好“人们只有在被追赶和被督促中才能进步”，正是说的激励机制的重要性。

不做家务的厨师——比较优势

王源是一位优秀的厨师，做的菜非常好吃，做家务也是一把好手。可是在家里，他从来不自己做家务，而是请小时工来帮忙。但小时工的工作质量远远不如王源自己完成得好，于是就有朋友问王源："你为什么不自己做呢？"王源回答说："如果我自己做，那就不合算了。"

至于为什么不合算？我们可以用经济学原理分析一下。

对于王源来说，如果自己花1小时整理家务，就会耽误了做厨师的1小时。也就是说，如果他自己花1小时整理家务，就浪费了1小时做厨师的工钱了。例如，同做一件家务，王源只需要1小时，而小时工需要2小时，那说明王源的效率要比小时工高1倍，王源在做家务方面就有优势。假如王源做厨师每小时的工钱是200元，小时工若是不到王源家里做小时工，而是到肯德基店里打工，每小时的工钱为10元。那么，王源做1小时的家务，就要放弃1小时当厨师的收入，即200元，即王源的机会成本为200元。而小时工做2小时的家务就要放弃到肯德基店里的2小时工作，即20元，即小时工做同样家务的机会成本为20元。

由此，我们知道就做同一件家务，王源若是自己做就需要200元的机会成本，而如果让小时工做只需20元的机会成本。显而易见，机会成本小的一方有比较优势，即在做家务上请小时工比王源自己做要有比较优势。

任何优势都是建立在比较的基础上的，都是相对的。没有比较，优势就无从谈起。在经济学上，比较优势的意思是说生产一种物品，机会成本较少的生产者在生产这种物品中有优势。比较优势主要用来衡量两个生产者的机会成本。除非两个人有相同的机会成本，否则一个人就会在一种物品上有比较优势，另一个人将在另一种物品上有比较优势。

比较优势理论是英国经济学家大卫·李嘉图（1772—1823）在《政治经济学及赋税原理》一书中提出的。其定义是：如果一个国家在本国生产一种产品的机会成本（用其他产品来衡量）低于在其他国家生产该产品的机会成本的话，那么这个国家在生产该种产品上就拥有比较优势。该理论认为，贸易的基础并不是绝对优势，而是比较优势。生产并出售自己比较有优势的产品或劳务，购买自己不具有优势的产品或服务，各方都可以获益，这就是贸易的双赢原则。

比较优势原理是国际贸易的基本理论之一，直到今天，它仍然是指导国际贸易实践的重要理论。“两害相权取其轻，两利相权取其重。”（章太炎《答某书》）每个国家都应根据这个原则，集中生产并出口其具有“比较优势”的产品，进口其具有“比较劣势”的产品。比如，东南亚的某个农业国盛产大米，而远在欧洲的某个工业国则有着发达的精密机床工业。两个国家的贸易代表坐在一起商谈，最后商定，前者向后者出口大米，并进口后者的精密机床。其结果是双方的国家都能享用大米和机床带来的好处——这就是国际贸易的好处所在。

两个国家在比较优势上是如此，推及每一个单位和个人，亦是如此。

马克·吐温作为职业作家和演说家，可谓名扬四海，取

得了极大的成功。你也许不知道，马克·吐温在试图成为一名商人时却栽了跟头，吃尽苦头。

马克·吐温投资开发打字机，最后赔掉了5万美元，一无所获；他看见出版商因为发行他的作品赚了大钱，心里很不服气，也想发这笔财，于是开办了一家出版公司。然而，经商与写作毕竟风马牛不相及，马克·吐温很快陷入了困境，这次短暂的商业经历以出版公司破产倒闭而告终，他本人也陷入了债务危机。

经过两次打击，马克·吐温对自己的优势与劣势进行了一番深入的分析，认识到自己毫无商业才能，而在演说方面颇具优势，于是断了经商的念头，开始在全国巡回演说。这下，风趣幽默、才思敏捷的马克·吐温完全没有了商场中的狼狈，重新找回了感觉。最终，马克·吐温靠写作与演讲还清了所有债务。

在这个事例中，经商并不是马克·吐温的强项，继而他转攻演说，才在最大程度上发挥了他的比较优势。

当每个人都能够专门从事自己最擅长的事情时，生产就会变得更有效率，整个社会创造的物质财富总量与其整体经济福利便会有所增加，这也从侧面体现了“天生我才必有用”的道理。

我们每个人都有比较优势，即使你所有的能力都比别人差，你仍可以从中选出“最优”，即你的“比较优势”。无论个人、企业还是国家，只要坚持自己的比较优势，在与别人的合作与竞争中总是可以获得最大的收益。

“看不见的手”——市场经济

《圣经·但以理书》记载：巴比伦王伯沙撒在宫中设盛宴，正饮期间，忽然显出一只手，在宫墙上写下三个神秘的词：“弥尼”“提克勒”“毗勒斯”。众人不解其意。先知但以理说：“你冒渎天神，为此，神放出一只手，写下这些字。意思是：‘弥尼’——你的国位已告结束，‘提克勒’——你在天平里的分量无足轻重，‘毗勒斯’——你的国度即将分裂。”

受此启发，英国经济学家亚当·斯密在1776年发表的《国富论》一书中提出了“看不见的手”的命题。亚当·斯密认为，人的利己心是其从事各种经济活动的基本动力，在“看不见的手”的作用下，可以促进国民财富的增长，使资源得到合理利用。满足“经济人”的最好途径就是经济自由，而政府发挥“守夜人”的作用。

对于每个人而言，市场是再熟悉不过的地方。当一个人进入超市买东西，可以说，他进入了一个市场。从某种程度上说，经济学就是伴随着市场的发展而发展起来的。人们的日常生活充满了市场经济的影子，国家经济的发展和进步更是离不开市场这一经济组织形式。

市场的重要性在于，它提供了一种机制，使得人们相互进行交易，无论是企业还是个人，价格和利益的激励引导着它们各自的选择，这就是我们平时说的市场调节。

近几年来，随着经济的不断发展和科技的日益进步，产品更新换代的速度越来越快，市场竞争也越来越激烈，几乎所有行业的所有产品都在降价，从彩电、冰箱到服装、手机、电脑等。降价对消费者来说无疑是好消息，因为消费者可以用更低的价格买到更优质的商品。对生产者而言，降价迫使生产者改善管理，改进生产技术，提高劳动生产率，从而使企业的竞争力增强，使其得以在激烈的竞争中立于不败之地。

从经济学角度讲，上述双赢的经济现象体现的正是“市场是组织经济活动的一种有效方法”这一重要的经济学原理，此原理其实解释的就是市场经济体制在经济活动的组织中的重要性。市场经济与人们生活是息息相关的，因此，对于每个人来说，了解这一经济学原理都是至关重要的。

市场经济是指通过市场机制来实现资源优化配置的一种经济运行方式。亚当·斯密用“看不见的手”介绍市场经济对于经济活动的重要性，市场通过价格机制、竞争机制、供求机制等调节经济活动，指导经济决策者做出正确的决策，从而实现对资源的最优配置。市场经济是背后主导人们生活的一只“看不见的手”。了解市场经济这一重要概念，有利于人们在经济生活中做出更利于自己也更利于社会的选择。

例如，某个下雪天的早上，你去早市买菜，发现平时卖一元钱一斤的小白菜居然卖五元钱一斤了，而且菜农很有理由地告诉你：“今天下雪，白菜都埋进了雪里，不好采摘，而且来集市的道也更不好走了。你看今天市场上的小白菜都是这个价，这绿油油的小白菜大家都爱吃，我们不愁卖。如果你现在不买的话，一会买菜的人多了，说不定还会再涨价呢？”你不由得报怨起来，老天下雪，菜价也跟着起哄吗？

谁在影响价格的波动，齐刷刷的一个大市场，不需要谁来下命令，菜农们看到今天下雪市场里的小白菜量少了，就会自动涨价。而买菜的人，因为很想吃到新鲜的小白菜，也就不得不购买高价菜。看来价格不是老天说了算，也不是哪个人说了算，归根结底是市场行情说了算，有需求就有市场，当商品供不应求的时候，价格也就自然上涨了。正常情况下，市场会以它内在的机制维持其健康的运行。事实上，这是一种市场调节，也就是亚当·斯密提出的“看不见的手”，这也是现代经济学的基础。

在市场经济体制中，消费者做购买的决策依据效用最大化的原则，生产者做销售的决策依据利润最大化的原则。在供给和需求之间，市场根据价格的自然变动，引导着资源向最有效率的方面配置。这时的市场就如一只“看不见的手”，生产者和消费者都在价格机制、供求机制和竞争机制的相互作用下做出了各自的决策。

“看得见的手”——政策干预

英国著名经济学家约翰·梅纳德·凯恩斯在其著作《就业、利息和货币通论》中讲述了一个“挖坑”的寓言故事，并通过这则寓言引申出了政策干预理论。

> 乌托邦国处于一片混乱中，整个社会的经济处于完全瘫痪的境地，工厂倒闭，工人失业，人们束手无策。这个时候，政府决定兴建公共工程，雇用200人挖一个很大的坑。雇200人挖坑时，需要发200个铁锹；发铁锹时，生产铁锹的企业开工了，生产钢铁的企业也开始工作了；发铁锹时还得给工人发工资，这时食品消费也都有了。挖坑，带动了国

民的消费。大坑终于挖好了，政府再雇200人把这个大坑填好，又需要200把铁锹……这样，萧条的经济逐步复苏了。经济恢复后，政府通过税收，偿还了挖坑时发行的债券，一切又恢复如常了。

这就是政策对经济发展起到的作用。在现代市场经济的发展中，市场是“看不见的手”，而政策是“看得见的手”。

在凯恩斯之前的西方经济学界，人们普遍接受以亚当·斯密为代表的古典学派的观点，即在自由竞争的市场经济中，政府只扮演一个极其简单的被动角色——“守夜人”。凡是在市场经济机制作用下，依靠市场能够达到更高效率的事，往往不应该让政府来做。国家机构仅仅执行一些必不可少的重要任务，如保护私人财产不被侵犯，并不直接插手经济运行。

然而，事实证明，自由竞争的市场经济导致了严重的财富不均，经济周期性震荡，社会矛盾尖锐。1929～1933年的全球性经济危机就是资本主义经济弊症爆发的结果。因此，以凯恩斯为代表的政府干预主义者浮出水面，他们提出，现代市场经济的一个突出特征，就是政府不再仅仅扮演“守夜人”的角色，而是要充当一只“看得见的手”，政策必须平衡以及调节经济运行中出现的重大结构性问题，这就是政策干预理论。

政策干预经济的主要任务是：保持经济总量平衡，抑制通货膨胀，促进重大经济结构优化，实现经济稳定增长。调控的主要手段有价格、税收、信贷、汇率等。

从经济学角度讲，宏观调控就是宏观经济政策。也就是说，政府在一定时期可以改善市场结果。当然，政策并不是总是能够调控市场。什么时候能够调控，什么时候不能调控，需要人们利用宏观调控的经济学原理，来判断什么样的政策在什么情况下能够促进经济良性循环，形成公正有效的经济体系。

政策干预很多时候都与我们的生活息息相关。例如，房价一直是老百姓最为关心的话题。在北京房价涨得最厉害的时期，某些地段成倍地涨价，从4000元变成8000元再变成1.6万元、3.2万元。到最后，房价高得有点离谱了。一般而言，在房价严重偏离了实有价值的情况下，政府便会出台干预政策，引导房价理性回归。

关注中国房地产市场的人在2010年最深的印象恐怕是政府对房地产的宏观调控政策。2010年，房地产调控呈现“三波”推进形态。第一波为以“国十一条”为代表的紧缩型调控，第二波为以“新国十条”为代表的打压型调控，第三波为以“9·29”房地产新政为代表的管制型调控。三波政策的程度不断升级，共同组成了这轮“史上最严厉的宏观调控”。

从政策出台的机制分析，“国十一条”明显强调“压”，成为我国新一轮房地产紧缩政策的起点。“新国十条”提出“坚决遏制部分城市房价过快上涨”，政策严厉程度再次升级。2010年9月29日，多部委房地产新政出台，以巩固楼市调控成果为目的，“新国十条”中“30%首付款”“停发第三套及以上住房贷款”“停发无证明非本地居民住房贷款”等政策被进一步强化，并推广至全国。同时，新政还要求“房价过高、上涨过快、供应紧张的城市，要在一定时间内限定居民家庭购房套数”，掀起了我国房地产宏观调控的又一高潮。在接连三波的调控下，我国部分城市房价过快上涨势头得到一定的抑制。这是政府干预起到的作用。

当然我们应该知道，即使在必要时采取干预措施，不会改变市场经济条件下企业定价的自主权，也不会影响企业的一般生产经营活动，更不是向高度集中的计划经济体制回归。这种干预措施只是暂时的、辅助的，不可能长期存在，以后的经济还会交给市场这只“看不见的手”来运作。

在现代市场发展中，政策干预有着十分积极的一面。因此，根据不同的市场经济表现，为了克服“市场失灵”和“政策失灵”的情况发生，我们应寄希望于“两只手”的默契配合。

国民生活水平取决于生产率——劳动生产率

甲乙两个人做馒头。甲一个小时能做100个馒头，而乙一个小时能做150个馒头。显然乙的劳动生产率就高于甲。假设两个人做出来的馒头都能卖出去，每个馒头0.5元，甲一小时的收入是50块，而乙是75块。乙的收入水平就比甲高，生活水平也比甲好。

这个事例告诉我们，劳动生产率水平的高低决定了一个人的生活水平的高低。当然，现实生活中，劳动生产率是受多种因素共同作用影响的，我们这里只是做个比较，引出劳动生产率的概念。

劳动生产率是指产出与投入的比率，如果相同数量的投入生产了更多的产出，则意味着劳动生产率增长了。相反，如果相同数量的投入所带来的产出下降了，则表示劳动生产率下降了。对于劳动者而言，其劳动生产率水平可以用单位时间内所生产的产品的数量来表示，也可以用生产单位产品所耗费的劳动时间来表示。单位时间内生产的产品数量越多，劳动生产率就越高，反之，则越低；生产单位产品所需要的劳动时间越少，劳动生产率就越高，反之，则越低。

劳动生产率是由哪些因素决定的呢？具体来说，主要有以下五种：

1. 劳动者的平均熟练程度

劳动者的平均熟练程度越高，劳动生产率就越高。它包括劳动实际操作技术以及劳动者接受新技术的能力。

2. 科学技术的发展水平

科学技术越发展，越是广泛运用，劳动生产率越高。

3. 生产过程的组织和管理

生产过程的组织和管理主要包括劳动者的分工协作，以及工艺和经济管理方式。

4. 生产资料的规模和效率

生产资料的规模和效率主要包括劳动工具的使用效率，原材料和动力燃料等的利用程度。

5. 自然条件

自然条件主要包括与生产有关的地质状态、资源分布、气候条件等。

但需要注意的是，劳动生产率的提高一定要在诸要素的共同作用下才能实现。

劳动生产率最终反映的是国家的生产水平，直接体现在人们的生活上。根据国际货币基金组织（IMF）在2018年发布的世界各国人均收入情况，瑞士82950美元、美国57700美元、印度2036美元、尼日尔477美元。收入的差距导致了各国的生活质量有着天壤之别。

那是什么原因导致了不同国家或同一国家不同时期生活水平的巨大差异呢？答案非常简单。所有生活水平的变动都可以归因于各国劳动生产率的差别，就是一个工人一小时所生产的物品与劳务量的差别。在那些每单位时间工人能生产大量物品与劳务的国家，大多数人享有高生活水平；在那些工人劳动生产率低的国家，大多数人必须忍受贫困的生活。同样，一国的生产率增长率决定了平均收入增长率。

劳动生产率是一个整体经济运作的基础，直接决定经济水平的高低。认识到以上这一点，对于我们的发展至关重要。在国家制定相关政策的时候，可以从是否有利于提高劳动生产率的角度来考虑政策的利弊。企业组织生产中，我们也可以有的放矢地通过提高劳动生产率来发展经济。

某电器厂以前的生产情况并不好。劳动生产率不高，质量差，工人与管理人员的关系也不融洽。工人经常把次品藏起来使管理人员不能发现问题。当机器出故障时，工人只是坐着等待，想着迟早会有人来修它。到20世纪80年代后期，这些状况都改变了。面对工厂即将倒闭的危机，管理人员和工人们通力合作，寻找保持工厂开工的路子。办法是增加劳动生产率，即在不用较多资源的情况下生产出更多的产品。

有趣的是，劳动生产率的提高靠的不是花钱购买昂贵的机器，相反，凭借的是狠抓质量。该厂彻底抛弃了只强调数量而忽视质量的旧观念。为激励工人，公司同意采取劳动生产率提高后给工人增加工资这一方案。

一方面，公司全面检查了制造过程，告诉工人如何改进质量。随着质量的改进，好的产品越来越多，生产率提高了；另一方面，必须扔掉或返工的次品次件越来越少，成本得到下降。库存成本也减少了，因为用于替换次品所需的备用件越来越少了。工人们也体会到提高质量及劳动生产率的努力与他们所得的报酬是挂钩的。管理层不仅能通过劳动生产率的提高来增加工人工资，而且能做到不提高其产品的售价，并拿出一部分资金用于研究。劳动生产率的提高不仅使工厂受益，而且使顾客和工人们自己受益。

事实表明，企业提高劳动生产率，单位时间内生产的产品数量增多，能够增加自身利润，进而增加较大的市场份额，在市场中处于有利地位。同时，产品数量增加促使价格降低，对保障和提升人民的生活起到巨大的促进作用。国家的物质供给和储备也大幅提升，间接提升了综合国力。

不偷钱只偷筐的小偷——通货膨胀

在第一次世界大战后的德国，有一个小偷去别人家里偷东西，看见一个筐里边装满了钱，他把钱倒了出来，只把筐拿走了。很多人奇怪，为什么不要钱呢？其实，在当时的德国，货币贬值到了在今天几乎无法相信的程度，装钱的筐与那些钱相比，筐更有价值。

第一次世界大战结束后的几年，德国经济处于崩溃的边缘。战争本来就已经使德国经济凋零，但战胜国又强加给它极为苛刻的《凡尔赛和约》，使德国负担巨额的赔款。德国最大的工业区——鲁尔工业区1923年还被法国、比利时军队占领，可谓雪上加霜。

无奈的德国政府只能日夜赶印钞票，通过大量发行货币来为赔款筹资。由此，德国经历了一次历史上最引人注目的超速通货膨胀。从1922年1月到1924年12月，德国的货币和物价都以惊人的速度上升，也就是说，近3年时间一张报纸的价格变迁可以反映出这种速度：每份报纸的价格从1921年1月的0.3马克上升到1922年5月的1马克、1922年10月的8马克、1923年2月的100马克，直到1923年9月的1000马克，再到10月1日的2000马克、10月15日的12万马克、10月29日的100万马克、11月9日的500万马克，直到11月17日的7000万马克。一张报纸的售价从最开始的0.3马克涨到7000万马克。伴随着货币的急剧贬值，德国经历了超速通货膨胀。因此，这也就出现了故事开头的那一幕：小偷宁可偷一个筐，也不偷筐里的钱。

非洲国家津巴布韦的通货膨胀也曾达到了惊人的地步。2008年7月，津巴布韦中央银行公布，津巴布韦的通货膨胀率已高达百分之二百二十万，从而使津巴布韦成为世界上通胀率最高的国家。一卷卫生纸要卖3万津巴布韦元左右，用面额100元的纸钞作卫生纸反而更便宜一点。在2009年2月，津巴布韦中央银行行长决定从其新发行的巨额钞票上去掉12个0，这样一来，津巴布韦一万亿钞票相当于1元。此时，津巴布韦通货膨胀率已经达到百分之十亿，而1美元可兑换250万亿津巴布韦元。很多人笑称：在津巴布韦，人人都是“亿万富翁”。当然，绝大部分津巴布韦人都不愿做这样的富翁！

通货膨胀是指在货币流通条件下，货币供给大于货币实际需求，即现实购买力大于产出供给，导致货币贬值，而引起的一段时间内物价持续而普遍的上涨现象。

纸币流通规律表明，纸币发行量不能超过它象征代表的金银货币量，一旦超过了这个量，纸币就要贬值，物价就要上涨，从而出现通货膨胀。通货膨胀只有在纸币流通的条件下才会出现，在金银货币流通的条件下不会出现此种现象。因为金银货币本身具有价值，作为贮藏手段的职能，可以自发地调节流通中的货币量，使它同商品流通所需要的货币量相适应。而在纸币流通的条件下，因为纸币本身不具有价值，它只是金银货币的符号，不能作为贮藏手段，所以，纸币的发行量如果超过了商品流通所需要的数量，就会贬值。

例如，商品流通中所需要的金银货币量不变，而纸币发行量超过了金银货币量的1倍，单位纸币就只能代表单位金银货币价值量的1/2，在这种情况下，如果用纸币来计量物价，物价就上涨了1倍，这就是通常所说的货币贬值。此时，流通中的纸币量比流通中所需要的金银货币量增加了1倍，这就是通货膨胀。在宏观经济学中，通货膨胀主要是指价格和工资的普遍上涨。

美国著名经济学家格里高利·曼昆关于国家货币供给的问题有这样一个假设，以帮助人们了解通货膨胀的起因。假设在货币供应量增加之前，社会已经实现充分就业，也就意味着所有人都有工作，此时货币供应量增加，在现行的物价水平下，由于货币的供给量超过了需求量，人们会想方设法花掉这些多余的货币。但是，因为所有人都有工作了，没有闲置的生产能力了，经济中生产商品与服务的能力无法再增加，此时多余的货币试图追逐更多的商品和服务需求，必然引起商品和服务的价格上升，导致物价水平整体上升，如果继续增加货币供应量，唯一的后果就是物价水平继续上升，通货膨胀也就产生了。

通货膨胀必将对社会经济生活产生影响。最典型的表现就是物价上涨，而且这种上涨有快速的传导性：一部分商品涨价，会很快引起其他商品涨价。以2007年我国的物价上涨为例，最先涨价的是猪肉等农产品，随之带来了一系列的物价上涨。之后引起生产成本的增加，在既定的价格水平下，生产厂商愿意而且能够供给的商品数量减少。这也就带动整个市场物价的进一步上涨。

美国经济学家米尔顿·弗里德曼说："通货膨胀归根到底是个货币现象。"其实，如果社会的通货膨胀率是稳定的，人们完全可以预期，那么通货膨胀率对社会经济生活的影响很小。因为在这种可预期的通货膨胀之下，各种名义变量（如名义工资、名义利息率等）都可以根据通货膨胀率进行调整，从而使实际变量（如实际工资、实际利息率等）不变。这时通货膨胀对社会经济生活的唯一影响，是人们将减少他们所持有的现金量。

但是，当通货膨胀的程度超过了人们的预料时，就会如猛兽出笼，破坏社会的信用基础，造成财富的转移，让人们对未来失去耐心。所以，对于通货膨胀，政府不能听之任之，而要出手治理。

从宏观上来讲，普通老百姓对通货膨胀无能为力，必须依靠政府进行调控。政府必须出台相关的经济政策和措施，如上调存贷款利率，提高金融机构的存款准备金率，实行从紧的货币政策，包括限价调控等。对于普通人而言，可以采取合理的措施抵消通货膨胀对财产的侵蚀，如进行实物投资、减少货币的流出等，以减少通货膨胀带来的压力和损失。

通货膨胀牵动失业率——菲利普斯曲线

1979年10月，当石油输出国组织（OPEC）在10年内第二次提高石油价格，从而给世界经济带来不利的供给冲击时，美国的通货膨胀达到了无法接受的水平，1980年2月其通货膨胀率达14.9%。

当时的美联储主席保罗·沃尔克感到除了实行反通货膨胀的政策之外别无选择。为此，联邦储备委员会采取了强有力的行动，紧缩信贷，同时提高利率。当时的利率甚至达到了超过20%的创纪录水平。由于美联储的这些行动，企业削减了它们的投资，居民减少了他们对汽车和住房等物品的购买。美联储所采取行动的结果是，通货膨胀率从1980年的14.9%下降到1983年和1984年的4%左右。应该说，沃尔克在降低通货膨胀方面确实取得了成功。

另一方面，这一反通货膨胀的胜利却以经济衰退所造成的高失业为代价。1980年失业率约为7%，而在1982年到1983年期间，美国的失业率为10%左右。同时，按实际GDP衡量的商品和服务的供给大大低于正常的水平，沃尔克的反通货膨胀引起了美国自20世纪30年代大萧条以来最严重的衰退。经济学家把通货膨胀减少1%的过程中每年产量（GDP）减少的百分比称为“牺牲率”。虽然对牺牲率大小的估算并不相同，但都承认有牺牲率的存在。

产量的减少则会引起失业率上升，既要降低通货膨胀又要减少失业是不现实的。这也说明了世界上没有免费的午餐，任何成功都必须付出代价，通货膨胀与失业率之间存在着短期的权衡取舍。

为什么会有通货膨胀与失业交替作用的存在？新凯恩斯主义者认为，在长期中，市场机制的调节作用是有效的，因此，这时，失业与通货膨胀也就没有交替关系——失业率为自然失业率，由制度、资源、技术进步等因素决定；通货膨胀率由货币供给增长率决定，两者之间决定机制不同。但是，在短期中，市场调节并不是完全有效的，宏观经济会出现失业与通货膨胀的交替关系。

比如，假定政府为了控制通货膨胀，减少了经济中的货币量。但在它减少人们支出的数量同时，并不是所有商品的价格都能立即做出调整。商家需要重新制作商品的价签，企业需要时间来印发新商品目录，餐馆也需要印好新的菜单，这些都需要很长的一段时间。在短期内，物价水平还是保持在原来很高的水平上，这在经济学中被称为“价格黏性”。较低的支出与居高不下的价格结合在一起就会减少企业销售的商品与服务量，给厂商造成压力。同时，在物价还是很高的情况下，短期内工人和工会也不会接受调低工资，于是结果只能是引起企业解雇工人，暂时增加了失业。

关于这种交替现象的解释还有很多，但不管这背后的原因到底是什么，大多数经济学家现在接受了这样一种观点：通货膨胀与失业之间存在短期交替关系。最早发现这两者关系的是新西兰经济学家威廉·菲利普斯，他于1958年在英国的《经济学杂志》上发表了一篇名为《1861—1957年英国失业和货币工资变动率之间的关系》的论文，证明失业率和通货膨胀之间存在着负相关。

菲利普斯根据英国1861～1957年失业率和货币工资变动率的经验统计资料，发现：名义工资的变动率是失业率的递减函数；即使当名义工资的增长率处在最低的正常水平，失业率仍然为正（菲利普斯的统计为2%～3%）。由此，他提出了一条用以表示失业率和货币工资变动率之间交替关系的曲线——这条曲线表明：当失业率较低时，货币工资增长率较高；反之，当失业率较高时，货币工资增长率较低，甚至是负数。

菲利普斯曲线又成为当代经济学家用以表示失业率和通货膨胀之间此消彼长、相互交替关系的曲线。即失业率高表明经济处于萧条阶段，这时工资与物价水平都较低，从而通货膨胀率也就高；反之失业率低，表明经济处于繁荣阶段，这时工资与物价水平都较高，从而通货膨胀率也就低。失业率和通货膨胀率之间存在着反方向变动的关系。

于是，菲利普斯曲线的重要观点可以被归纳为以下3点：失业率和通货膨胀存在交替关系，两者可以并存；当失业率为自然失业率时，通货膨胀率为0；根据两者的交替关系，可以将其运用到宏观经济政策当中。

通货膨胀和失业之间的权衡取舍只是暂时的，但这种关系会持续好几年，因此，菲利普斯曲线是理解经济中许多发展的关键。特别是，它对理解经济周期是很重要的。

政府虽然可以通过改变支出量、税收量和发行的货币量来影响经济，但是制定经济政策的时候一定要考虑通货膨胀与失业之间的这种短期交替。对于国家来说，通货膨胀与失业都是不利于社会的发展和安定的。但国家的经济调控并不能使两者都避免，而只能有所偏重地在通货膨胀与失业之间，进行权衡取舍。同时，要注意政府运用的这些货币与财政政策工具具有很大的潜在力量，所以，到底政府应该如何运用这些工具来控制经济，一直是一个有争议的问题。

第二章

消费经济学：把钱花在刀刃上

卖猫的老太太——信息不对称

一位古董商看到一个老太太家里有一只非常漂亮的猫，这只猫的旁边还有一个有点破的古董猫碗。

古董商盘算着怎么才能用低价得到这个古董猫碗。

于是他找到了老太太，说：“您家这只猫太漂亮了，我很喜欢，能不能把这只猫卖给我呢？”

老太太说：“唉哟，我这猫可值钱了，你可能买不起。”

“我给您十两银子可以了吧？这已经是购买一头牛的价格了。”古董商说。

老太太说：“这不行，不行，我这猫不卖。”

“那我给您一百两银子总可以吧。”古董商说。

老太太答应了。

古董商一边抚摸着猫一边对老太太说：“这只猫已经习惯用这个破碗吃饭了，您能不能把这个破碗送给我呢？”

老太太看了他一眼，说：“你知道我凭这个破碗卖了多少只猫吗？我怎么可能送给你？”

古董商听后气了个半死。

造成这个结果的原因，用经济学来解释就是信息不对称。古董商只知道破碗具有很高价值的信息，但是他并没有了解到老太太是否知道破碗价值的信息，所以就吃亏在没有全面了解信息，而老太太就精明在基本了解全部的信息。

信息不对称在我们的生活中到处可见。比如小时候去买西瓜，因为不懂，只能问摊主，这西瓜甜不甜？他肯定说是甜的。买回去之后，有可能发现不够熟也不够甜。没办法，自己挑的西瓜，也不能赖别人，这就是信息不对称带来的买西瓜的风险。

可见，在商品交易的过程中，买者和卖者了解的信息经常是不一样的。卖者往往比买者更清楚产品实际的质量情况。这种情况被经济学称为买者和卖者的“信息不对称”。

信息不对称，从经济学方面解释，就是指交易一方对交易另一方的了解不充分，双方处于不平等地位。这时卖者很容易依仗买者对产品内部情况的不了解欺骗买者。

买者：“请问这件衣服多少钱？”

卖者：“800元。”

买者：“太贵了。我最多给200元。”

卖者：“200元太低了，赔本了，你总不能让我赔本吧。今天还没开张呢，干脆我就以进价卖给你，开个张吧，680元。”

买者：“680元呀，太贵了。300元怎么样？”

卖者：“300元不行，太便宜了，要不咱们都让让，580元就成交。”

买者：“我最多能出到460元，你愿意卖就卖，不愿意卖我就走人。”

卖者：“好吧，好吧，460元就460元吧。看你也是诚心想买，我就亏本做成了这笔生意。”

现实生活中，我们经常会碰到这样的状况。是顾客捡便宜了，还是商家获利了？这只有商家清楚，顾客是永远不可能知道的。为什么会有这种情况出现呢？主要的原因就是顾客和商家双方占有的信息不对称。

这种买卖双方信息不对称的情况，在二手市场上体现得尤为明显。因为卖家知道自己所要出售的商品的真实质量，而买家在一般情况下对商品的真实质量是难以判断的，所以只能通过仔细观察外观、听卖家的介绍和进行简单的现场测试来了解商品的质量信息，但这些信息是极其有限的。在这种情况下，买家就只愿意根据平均的质量水平来支付价格。而一些好的商品由于质量好，价格又高，买家一般就会望而却步，转而去寻找其他价格相对较低的二手商品。而往往质量越差的商品价格才会越低，价格越低的商品也越容易吸引买家的目光，最终达成交易。这样，劣质品会卖得越来越好、越来越有规模，而优质品却会被驱逐出市场。

可以看到，这样的选择方式违背了正常优胜劣汰的市场竞争原则，因此在经济学中被称为“逆向选择”。这个“逆向选择”的结果是，你在二手市场上很难买到质量好，价格也称心的商品。如果想要摆脱这一局面，除了靠运气，还可以求助于专业人士，以便增加交易双方的信息透明度，这样才能买到质量、价格都合意的商品。举个例子来说，当你需要购买电脑同时对电脑硬件又不了解时，你可以找懂行的朋友咨询，参考网站和杂志，借此得到实用信息，以便在想购买的商品中做出理性的选择。

王女士曾在某商场购买了一台32英寸的液晶电视。几年过去了，这台液晶电视虽然没有什么大毛病，但小毛病是接二连三，最近更是连屏幕都无法正常显示了。为了解决问题，王女士拨打了商场的售后服务电话。售后服务人员向王女士表示可以上门提供服务，但因为王女士买的电视机已经过了保修期，所以要收取上门维修费50元。

王女士觉得这也合理，所以双方达成口头协议。然而，维修人员到来，只是粗略地看了看，就说电视机的内部零件严重老化，要想让它正常运作最好是更换内部的零件，零部件费用是300元。另外，维修费用要另算。王女士就问："那这样修理一次，要多少费用？"维修人员说："不低于500元吧。"

王女士觉得维修费用有点高了，与其这样维修一次，还不如买台新的呢。所以，王女士放弃了维修的打算。

事后没几天，王女士打算将这台"报废"的电视机处理掉。这时正好一位懂电器知识的朋友来家串门，看到王女士在处理电视机，就随口问："电视怎么了？"王女士说："电视零件老化，不能正常收看了。"于是朋友就拿起工具修理起来，谁知电视机经他简单维修就能正常收看了。朋友说："什么零件老化？只是线路接触不良造成的，就是一个简单的小问题。"

在这个事例中，王女士不了解维修电器方面的知识，这正好就给了维修人员胡乱开价的机会，说白了，其实这就是消费者和维修方的信息不对称造成的。

经济生活中存在着大量信息不对称的问题，作为买方的你，需要做的是提高信息透明度，具体做法是用知识武装自己。如果需要购买某种你不够了解的产品的话，应该适当学习一些这方面的知识，从互联网、电视、报纸、图书、杂志等多方面获取关于它的信息，这样才不至于被卖家所误导。最后还要注意，在令你心动的诱惑面前，保持冷静分析的头脑，而不是盲从冲动。

总之，市场经济就是信息经济，如果我们在决定某项消费之前，能拥有更多的信息，就有可能帮助我们做出更合理的决策。因此，我们只有从各种渠道去获得信息，并且提高我们获取和分析信息的能力，才能在消费时尽可能地减少信息不对称给自己的利益带来的损害。

消费中的从众心理——羊群效应

动物学家们发现，大量羊群聚在一起时，是一种很松散的组织，平时在一起也是左冲右撞，行动非常盲目。但如果在这群羊中有一只头羊先动起来，其他的羊便会一哄而上，没有谁会去考虑前面有狼还是有草地。有人做过试验，将一根木棍横放在一群羊前面，如果有第一只羊跳了过去，马上，其他羊就会跟着跳过去，第二只、第三只……这时，如果有人故意撤走那根棍子，那些走过来的羊仍然像前面的羊一样，跟着跳过去，而全然不顾已经没有拦路的棍子了，这就是所谓羊群效应，也称“从众心理”。

从众是一种比较普遍的社会心理和行为现象，也就是人们常说的“随大流”。大家都这么认为，我也这么认为；大家都这么做，我也跟着这么做。生活中，人们在挑选商品的时候也有这样的从众心理。例如，当某商店门口排了一条长队，路过的人也容易随之加入排队的行列。因为客户会想：既然有那么多的人在排队，就一定有利可图，不能错失良机。如此一来，排队的顾客会络绎不绝，队伍越来越长，而在这条队伍中，多数人可能并没有明确的购买动机，只是在相互影响、相互说服。

从众心理很容易导致盲从，而盲从往往会陷入骗局或遭到失败。有一个笑话就是说的这种跟风现象。

一位石油大亨去世后到了天堂，但他发现此时的天堂已经座无虚席，没有地方落座。圣彼得对他说："实在抱歉，没有你的位子了。"这位石油大亨说："不要紧，我有办法。"他对天堂的大门大喊一声："地狱里发现石油了！"这一喊不要紧，天堂里的石油大亨们纷纷向地狱跑去。很快，天堂里就只剩下他自己了。圣彼得吃惊地看着这一切，说："现在你可以进去了。"此时，这位大亨心想：大家都跑了过去，莫非地狱里真的发现石油了？！于是，他也急匆匆地向地狱跑去。

追求共性是一种常见的心理定式。一流行什么，满大街全是，这在消费方式上，尤其明显。流行松糕厚底鞋，女士不分高矮胖瘦，脚下统统蹬着大厚底；流行文化衫，满大街的人都背着"文化"跑……其实，这样的消费跟风例子在我们身边经常发生，比如"抢购食盐"。

2011年春，我国部分地区刮起了小范围的"抢盐风"，某地区多家超市的库存碘盐被抢购一空，连带不含碘的食盐也被买空。有人询问一位中年妇女为什么一次购买了20多袋碘盐时，她表示是家人打电话通知她购买，不清楚具体原因。多位购物者称听到传言日本核辐射会污染海水导致以后生产的海盐都无法食用，所以抢购食盐，一些商家趁机提价，一包盐卖10多块钱。

中盐总公司紧急通知各地盐业公司启动应急机制，确保食盐供给。“抢盐风”很快变成了“退盐风”。

在“谣盐”四起的时候，郭先生花费近3万元囤积了上万斤食盐，后因食盐市场趋于稳定盐价回落，他花高价买的食盐却卖不出去。

羊群效应告诉我们，有的时候人们并不像谚语说的那样：“群众的眼睛是雪亮的。”在市场中的普通大众，往往容易丧失基本判断力，喜欢凑热闹、人云亦云。所以，收集信息并敏锐地加以判断，是让人们减少盲从行为，更多地运用自己理性的最好方法。

同一航程三种票价——价格歧视

某天，三位乘客乘飞机去武汉，在飞机上闲聊，结果发现他们的机票价格各不相同。第一位乘客通过旅行社订机票去武汉旅游，票价380元；第二位乘客提前一个月预订机票，票价620元；第三位乘客去武汉有急事，临时买的机票，票价870元。

为什么乘的是同一航空公司的飞机、同样的路程，但价格相差如此悬殊？

其实，航空公司的这种同一航程3种价格的经营策略，就涉及经济学中的“价格歧视”这个概念。

所谓价格歧视，实质上是一种价格差异，通常是指商品或服务的提供者向不同的接受者提供相同等级、相同质量的商品或服务时，实行不同的销售价格或收费标准。

实行“价格歧视”的目的是获得较多的利润。如果按较高的价格能把商品卖出去，生产者就可以多赚一些钱。因此，生产者将尽量把商品价格定得高些。但是，如果把商品价格定得太高了，又会赶走许多支付能力较低的消费者，从而导致生产者利润的减少。所以，采取一种两全其美的方法，既以较高的商品价格赚得富人的钱，又以较低的价格把穷人的钱也赚过来。这就是生产者所要达到的目的，也是“价格歧视”产生的根本动因。

上文中航空公司对不同顾客实行差别定价，就是较好地运用了价格歧视这一原理，实现了利润最大化。以美国航空公司为例，他们会对出公差的乘客和旅游的乘客实行不同的价格策略。

在一些欧美国家，各大航空公司之间经常发生价格大战，优惠票价常常只是正常票价的1/3甚至1/4。然而，即使是价格大战，航空公司也不愿意让出公差的旅客从价格大战中得到便宜。

但是，当旅客去买飞机票的时候，他脸上并没有贴着是出公差还是私人旅行的标记，那么航空公司如何区分乘客和细分市场呢？原来，购买优惠票总是有一些条件，如规定要在两星期以前订票，又规定必须在目的地度过一个甚至两个周末等。老板派你出公差，往往都比较急，很少有在两个星期以前就计划好了的国内旅行，这就避免了一部分出公差的旅客取得优惠。最厉害的是一定要在目的地度过周末的条件。老板派你出公差，当然要让你住较好的旅馆，还要付给你出差补助。如果度过一个周末，至少要多住上两天，而两个周末就更不得了。这笔开支肯定比享受优惠票价所能节省下来的钱多得多。更何况，度完周末才回来，你在公司上班的日子又少了好几天，精明的老板才不会为了那点眼前的优惠，而贪小便宜、吃大亏。

就这样，在条件面前人人平等，这些优惠条件就把出公差者排除得八九不离十了。

航空公司以正常票价向公差人士提供服务，同时用低得多的机票价格让“可去可不去”的旅客也花钱进入旅游市场，这就是“价格歧视”现象共同的经济伦理。

价格歧视策略不止于上面所说的形式，只要符合价格歧视的一般条件即产品个性化、有差异，就可以运用价格歧视策略。例如某网球馆在周一至周五的上午：8：00~10：00为早练时段，按照5元/小时收费；10：00—19：00为休闲时段，按照8元/小时收费；19：00以后以及周末为娱乐时段，按照15元/小时收费。另外，电影院日场电影票和夜场电影票的差别，以及供电局的电费在夜晚和白天的差别，冬季和夏季的差别等，都是利用时间段差异化定价的典型例子。

差别化是运用歧视策略的主要特征，利用代金券或者优惠券也可以实现特殊群体的差异化歧视。以麦当劳为例，为什么一直采取向消费者发放折扣券的促销策略？他们对来麦当劳就餐的顾客发放麦当劳产品的宣传品，并在宣传品上印制折扣券。为什么麦当劳不直接将产品的价格降低？

回答是折扣券使麦当劳实行了价格歧视。麦当劳知道不是所有的顾客都愿意花时间将折扣券剪下来保存，并在下次就餐时使用。此外，剪折扣券意愿与顾客对商品支付意愿和他们对价格的敏感程度有关。高收入阶层到麦当劳用餐弹性低，对折扣券的价格优惠不敏感，不可能花时间剪下折扣券并保存随时带在身上，以备下次就餐时使用，而且折扣券所省下的钱他们也不在乎。但低收入家庭到麦当劳用餐弹性高，他们更可能剪下折扣券，因为他们的支付意愿低，对折扣券的价格优惠比较敏感。

麦当劳连锁店通过只对这些剪下折扣券的顾客收取较低价格，吸引了一部分低收入家庭来麦当劳用餐，成功地实行了价格歧视，并从中多赚了钱。如果直接将产品价格降低，高收入阶层的高消费意愿因得不到满足而放弃去麦当劳，想从他们身上得到更多的收入就会失败。

生活中，商家的价格歧视策略远不止这些形式。大家在逛商场买商品时，要时刻保持谨慎，不要成为商家“价格歧视”的对象。所谓的“让利”“优惠”似乎很符合消费者的利益，其实是商家区分不同的需求，追求利润最大化的行为。

一切为了面子——炫耀性消费

法国皇帝拿破仑三世是一个喜欢炫耀的人。他常常大摆宴席，宴请天下宾客。每次宴会，餐桌上的用具几乎全是用银制成的，唯有他自己用的那一个碗却是铝制品。为什么贵为法国皇帝，却不用高贵而亮丽的银碗，而用色泽要暗得多的铝碗呢？原来，在差不多200年前的拿破仑时代，冶炼和使用金银已经有很长的历史，宫廷中的银器比比皆是。

可是，在那个时候，人们才刚刚懂得可以从铝矾土中炼出铝来，冶炼铝的技术还非常落后，炼铝十分困难。所以，当时铝是非常稀罕的东西，不要说平民百姓用不起，就是王公贵族也用不上。拿破仑三世让客人们用银餐具，偏偏自己用铝碗，就是为了显示自己的高贵和尊严。

拿破仑三世高价买回铝制品供自己使用和炫耀，这种行为在经济学领域就被称为“炫耀性消费”。

炫耀性消费不是追求效用，而是用所购得的物品来炫耀其地位和价值。这些物品往往是一些奢侈品，超出这些消费者的生存与发展的需要范围，如一些名牌箱包、高级成衣和高档汽车等。这类商品定的价格越高，需求者反而更想购买，因为只有高价的商品，才能把购买者的富有和地位显示出来，这就是某些商品对别人具有炫耀性的效果。获得直接的物质满足和享受，并不仅仅是这种消费的目的，而是为了在更大程度上获取一种社会心理上的满足。

炫耀性消费是一种重要的经济现象，这个概念最早由美国经济学家托尔斯丹·凡勃伦于1899年出版的《有闲阶级论——关于制度的经济研究》一书中提出来。凡勃伦认为，非炫耀性商品只能给消费者带来物质效用，炫耀性商品则给消费者带来虚荣效用。所谓虚荣效用，是指通过消费某种特殊的商品而受到其他人尊敬所带来的满足感。他认为，富裕的人常常消费一些炫耀性商品来显示其拥有较多的财富或者较高社会地位。

在某家玉器商店，店老板让营业员把两副质地相当的玉镯标上不同的价格出售，其中一副标价2000元，一副标价

5000元。年轻的营业员觉得奇怪，就问老板："同样的东西，谁会多花3000元钱去买？5000元的那副能卖出去吗？"老板笑而不答。

不一会儿，一群游客走了进来，五六个妇女开始挑选自己喜欢的商品。一位妇女拿起那两副手镯，比较来、比较去。营业员也不知说什么好，干脆不予介绍。看了一会儿，那位妇女说："这副5000元的手镯我买了，给我包起来。"她的一个同伴说："这副看起来和那副2000元的没啥区别。"买镯子的顾客看了同伴一眼，自信地说："有区别，质地不一样。"

顾客走后，老板看看营业员说："怎么样？"营业员说："她为啥要买5000元一副的？这不是明摆着当冤大头吗？"老板说："我也不知道为啥，反正我知道愿意当冤大头的人还真不少！"

从经济学来看，存在于消费者身上的一种商品价格越高反而越愿意购买的消费倾向，反映出了人们的一种"炫耀性消费"的消费心理。这种炫富心理在日常生活中很常见。很多时候，人们买一样东西，看中的并不完全是它的使用价值，而是希望通过这种东西显示自己的财富、地位或者其他。对于商家来说，可以利用"面子"的积极作用来为企业创造价值和赢利，而上当的往往是消费者。

一位西装厂老板介绍说，当年，他那品牌的西装高不成、低不就，特别不好卖，富人不愿买，嫌档次低，穷人却买不起。后来，他接受了一位海外商人的建议，想出了一招，将西装价格突然由原来的几百元一套一下子涨到5000多元一套。谁也没有料到，市场一下就打开了，效果特别好。富人愿意购买的多了，但西装还是那种西装。

原来，富人们感觉5000多元一套的西装穿在身上很“有派”；几百元的西装穿在身上则感觉很没面子。很显然，面子文化深入人心，好面子也就造成了有些人喜欢炫耀，造就了炫耀性消费——不贵不买，越贵越买。

炫耀性消费是一种典型的非理性消费。现代社会中，不管承认与否，人们在不同程度上都有炫耀性消费倾向，这可能是生物进化的产物，是有积极功能的，当然也有消极功能。消费是要同自身的文化内涵相匹配的，盲目追求炫耀或超出自身经济条件去创造社会认同，是消费文化不成熟的表现。成熟的消费者往往会根据自己的个性以及对自身形象的预期选择商品，首先看重的是商品所包含的文化内涵或风格属性，而不是商品的含金量或华贵属性。因此，炫耀性消费不值得提倡。

降价带来的心理满足感——消费者剩余

夏丽是一名时尚女白领。一天，她逛商场，看中了一款2200元的上衣，试穿之后非常喜欢，正是她早就想拥有的那一件。但是，夏丽是个月光族，时值月底，正是囊中羞涩，于是打算等到发工资再去买下来。过了几天，工资终于到账了，夏丽下班后直奔商场而去。结果商场那天正在搞活动，心仪的上衣价格优惠变成了2000元。她心里窃喜，这下可以省下200元了。而更让她开心的是，她在商场又被抽中成了幸运顾客，所购商品又能打8折，这下又省下了400元。这么一算下来，本来想花2200元买的上衣，最后夏丽只花1600元就买到了，一共省下了600元。

这种感觉是不是就像是白赚了600元一样？其实，这个数额就是消费者剩余。

消费者剩余并不是消费者在消费过程中得到了真实的货币剩余，而是一种心理满足，它衡量了买者感觉上所获得的一种额外利益。在西方经济学中，英国经济学家阿尔弗雷德·马歇尔在1890年出版的《经济学原理》一书中提出了这一概念，他认为："一个人对某种东西所付的价格，很少达到他宁可支付而不愿得不到此物的价格，而且也绝不会超过。因此，他从购买此物所获得的满足，通常会超过他因付出此物的代价而放弃的满足，这样，他从这种购买中就得到了一种满足的剩余。这种剩余满足的经济衡量是他宁可付出而不愿得不到此物的价格，超过他实际付出的价格的部分。这个部分可称为消费者剩余。"这就是马歇尔为"消费者剩余"下的定义。

马歇尔对"消费者剩余"解释说：若人们在消费时，商品的价格比他预期的价格要高，他就会放弃购买；反之，若实际花费的金钱要低于预期的，无形之中，人们仿佛觉得自己获得了一笔意外财富，他就会从购物中获取乐趣。总之，人们都希望以一个期望的价格购买到某商品。当某种商品的价格比他预期的要高，他就不可能购买，他会这样想，我尽管没得到某商品，但我的金钱也没有失去，这也算省了，因此他也会获得一种满足；同样，他会因购买商品的实际支出要低于预期价格所获得的某商品而感到满足。很明显，他的第二种满足要大于第一种满足。实际上，消费者剩余是不会给顾客带来实际收益的。因为有时候，虽然人们少花了钱买了一样东西，但是他还会用节省的钱去购买其他东西；或当他发现一样东西便宜时，尽管自己可能根本用不着，可是为了满足自己的“消费者剩余”心理，他也会去购买。

如果我们用公式表示，这个概念就更容易理解了：

消费者剩余=消费者愿意支付的最高价格−消费者实际支付的价格

很多时候我们都有这样的经历：逛街的时候如果通过讲价成功地买到心仪的商品，我们就会感到很开心，这是因为我们获得了自己满意的消费者剩余。相反，如果我们看中了某个商品，而对方一分钱也不让，我们又特别喜欢，这个时候我们即使把它买到手也会感到闷闷不乐。为什么呢？因为没有得到合适的消费者剩余，所以我们没有获得心理上的愉悦。

有一天，周华到一个做服装生意的朋友那里去聊天。一个顾客看好了一套服装，服装的标价是800元。顾客说：“你便宜点吧，500元我就买！”朋友说：“你太狠了吧，再加80元！也图个吉利！”顾客说：“不行，就500元！”随后，他们又进行了一番讨价还价，最终朋友说：“好吧，就520元！”

顾客去交款了，但是不一会儿又回来了。她有些不好意思地说："算了，我不能买了，我带的钱不够了！"朋友又说："有多少？"顾客说："把零钱全算上也就只有430元了。"朋友难为情地说："那太少了，哪怕给我凑一个整数也好啊？"顾客说："不是我不想买，的确是钱不够了！"最后，朋友似乎下了狠心，说："就430元钱给你吧，算是给我开张了。说实在的，一分钱没有挣你的！"顾客满脸堆笑，兴高采烈地走了。

看着顾客远去的背影，朋友告诉周华："这件衣服是180元从广州进的货。"周华听了哈哈大笑："真是无商不奸啊，可是你有些太狠了吧？"

朋友说："这你就是外行了。现在都时兴讲价，顾客讨价，我还价这很正常，你要给顾客留出来讨价还价的空间，要让顾客心理上获得一种满足！其实，这件衣服我300元的价格就卖，到换季的时候我只要保本都往外抛。"

周华的朋友是一个精明的生意人。他懂得通过讨价还价让顾客心理上获得一种满足。而这种"心理上的满足"在这个事例中，顾客获得的"消费者剩余"为90元（520–430元）。

通常来说，消费者在买东西时对所购买的物品有一种主观评价。这种主观评价表现为其愿意为这种物品所支付的最高价格，即需求价格。决定这种需求价格的主要有两个因素：一是消费者满足程度的高低，即效用的大小；二是与其他同类物品所带来的效用和价格的比较。

在日常生活中，消费者剩余可以用来衡量消费者购买并消费某种商品或服务所得到的经济福利的大小。消费者购买和消费商品或劳务是为了得到经济福利，一种商品或服务给消费者带来的消费者剩余越大，即市场价格越低于消费者愿意出的最高价格，消费者就越愿意购买；反之，如果市场价格高于消费者愿意出的最高价格，那么消费者就会认为购买该商品或服务不值得，或者说消费者剩余为负数，那么消费者就不会购买。

众所周知，商人都是追求利益最大化的，所以他们总是在经济生活中尽量获得更多的利益，即尽可能地剥夺消费者剩余。如你去服装店买衣服，可能看见一件衬衣标价460元，但实际上100元就能够买下来。为什么标价这么高呢？这是因为商家想把你的消费者剩余都赚去。这件衣服的成本不足100元，但是有人特别喜欢，他们愿意出高于100元甚至远远高于100元的价格买下来，这里面就存在着消费者剩余。因此，当你看上某件衣服时，最好不要流露出满意的神色，否则你就有可能要花费较多的钱买下它。

消费者剩余是对消费者心理的一种满足，而额外的财富剩余并不是真的获取了。在日常生活中，商家千方百计把消费者剩余转化为利润的例子到处都是。于是，我们经常会发现，各大商场在使消费者满足于自己的消费者剩余时，一直在进行各种促销活动，从消费者的手中赚到了钱。他们无非是让消费者心理上获得一点满足而已，无非送给消费者一个空心汤圆。因此，人们在购买商品时，一定要先想想自己需要哪些商品，弄清楚这些商品的真正价格。只要这样，就不会被自己的“消费者剩余”心理所欺骗，白白多花钱，却没有购买到物美价廉的商品。

商家的鬼把戏——打折效应

在信息爆炸的时代，市场促销也花样翻新，最吸引人的要算“打折”两个字了。一逢节假日，商场的促销手段便是纷至沓来，令人眼花缭乱。很多人平日工作忙，只有在这个时候才有时间出来买些东西。精明的商家自然不会错过这个赚钱的好机会，所以大规模地打折。有些人偏偏经受不住打折的诱惑，一看见这两个字便掏钱抢购。

作为消费者的你，逛街的时候，总是会看见商店的门口贴着“满200元立减100元”“买一送一”“满200送100”等促销活动，外加“跳楼价”“放血大甩卖”等耸人听闻的字眼，目的只有一个，让你一看里面全是实惠，赶紧去购买。细心的人不难发现，每逢节假日“打折”总会频率很高地出现在商家的卖场和广告里，所涉及的商品五花八门，折扣的程度各有不同，打折限定的时间宽泛，打折促销的手段创新，让人们心中禁不住产生疑惑：难道市场真到了“无处不打折，鲜见原价格”的地步了吗？

还有些商场一年365天几乎天天打折，并且打折花样层出不穷。有时实行全场打折，有时部分商品打折，有时分楼层打折，有时按专柜打折，开张纪念日打折，喜庆活动打折，某类产品专项打折，仿佛看不到不打折的时候，商家把利润全给了消费者，难道他们不过了吗？

天底下没有免费的午餐，商家也不会做赔本的买卖，商家对利润的敏感犹如苍蝇嗜血的本性。每一个打折的背后都有一笔精明的小算盘。

说到底，打折不过是商家用来招揽顾客的幌子，其背后仍是利润的赚取。我们必须承认，的确有一些商店因为商品换季、生意转行、清理库存、商场拆迁和急需资金等很多原因而被迫降价甩卖商品，并且很多商品在打折之后，价格的确比原来要低。面对这种真假难辨的商品打折促销，又该怎么做才能不当冤大头呢？

其实，商品的成本由固定成本和变动成本两部分组成。固定成本是相对于变动成本来说的，指总额在一定时期和一定的业务量范围内，不受业务量增减变动的影响，并能保持不变的成本，如厂房建筑、机械设备、卖场租金等都是属于固定成本范围。而变动成本则与固定成本相反，是指成本的总发生额随着生产或业务量的变动而呈线性变动的成本，如工人的工资等。这两者构成了生产商品所需的总成本，而每件商品平均摊到的总成本就是平均总成本。

在市场经济条件下，商品成本是衡量生产消耗的补偿尺度，企业必须以商品销售收入抵补产品生产过程中的各项支出，才能确定赢利。所以，只要商品的出售价格高过了平均总成本，商家就能获利。一方面，商家就是通过精心计算，使打折之后的价格仍然能够高过平均总成本；另一方面，销量的增加，甚至可以使他们获得比平时更高的利润。

自古以来都是“买的没有卖的精”，所谓“打折”、“促销”和“赠品”都只是一个华丽而好看的诱饵，吸引顾客去填满商家的口袋。

如果因为某种特殊原因，商场被迫降价销售商品，价格常常比实际造价还要低，那么，消费者就会得到较实在的优惠。不过，就算在一般紧急的情况下，这样的情况也不多见。因为，平时商品销售的价格都要比实际成本高很多，而在比较紧急时只要将价格下调到高于可变成本一点点，消费者就已很满足了，商品就容易卖出去，而且会比原来的销量更大，这才是最常见的打折现象的真相。很多商场就是利用这种手段来吸引消费者，从而达到“薄利多销”的效果。尽管在单件商品上的利润减少了，可是销量增多了，因此，只要商品打折的程度合理，就完全可以在打折的情况下，得到比原来还要多的销售收益。

对制造商来说，商品怎样定价、怎样投放是商家的自由，折扣只是商家的一种促销手段，并没有侵犯消费者的切身利益。所以，我们并不能影响商家的这种行为，只能在愈演愈烈的打折背后保持清醒，做一个理性的消费者。

当你下一次看到某家商场宣传自己在搞打折活动，不要再不假思索地觉得趁此机会一定就可以节省不少钱，还能买到称心如意的商品。实际上，很多人往往就是因为这样的信息而陷入了商家制定的骗局——商家通过打折的方式促销，给消费者制造了省钱的假象，从而牟利。

越涨越买——吉芬现象

美国著名心理学家罗伯特·西奥迪尼曾经讲过这样一个故事：

在美国亚利桑那州的一处旅游胜地，有一家专门售卖印第安饰品的小店。由于客流量很大，小店里经常顾客不断，各种价钱不菲的银饰、宝石首饰都卖得非常好。唯独有一批瓷度很高、价格低廉的绿松石很少有人问津。老板试了很多促销手段都无济于事。没办法，老板出去进货前决定亏本处理掉这批绿松石，给店员写了一张纸条：“将绿松石珠宝的价格乘1/2。”等老板进货回来，那批绿松石全部销售完毕。店员兴高采烈地说。“自从根据您的吩咐提价以后，那批绿松石成了店里的抢手货。”“什么提价？”老板非常迟疑。原来，粗心的店员把纸条中的“乘以1/2”看作“乘以2”了。

根据正常的供求规律，商品的价格上升，需求量会下降，但是绿松石的价格涨了，需求量却为什么不降反增呢？这就是经济学里著名的“吉芬商品”。

吉芬商品的概念源于19世纪爱尔兰学者罗伯特·吉芬观察到的一个现象。

1845年，爱尔兰爆发了大饥荒。吉芬发现，虽然土豆的价格在饥荒中急剧上涨，但爱尔兰农民反而增加了对土豆的消费。为什么会发生这种怪事？答案在于，土豆在当时爱尔兰农民的支出中占有很大的份额，土豆价格的急剧上涨使得人们的处境迅速恶化。为了填饱肚子，人们不得不大大减少牛肉、奶酪这些相对来说仍然很贵的商品的消费，把省下来的钱花在还算便宜的土豆上。后来，经济学家就把像爱尔兰土豆这样价格上涨反而带来需求量增加的商品称为吉芬商品。

在市场中，经常可以见到某些商品的价格飙升上涨，但消费者的需求不降反而增加了。这种现象似乎跟商品的需求规律背道而驰。最突出的例子就是房市。房价涨得越快，往往买房子的人越多，许多没钱的人也在想方设法购买，借钱、按揭……无不希望自己“有房一族”的美梦早日成真。这主要是因为衣食住行是人的最基本的生活需要，无论房价涨得多离谱，大家都得勒紧裤腰带，为自己找寻一块栖身之地。因此，房价一路上涨，老百姓对其需求却不减反增——谁知道明天的房价又将涨多少，大家不得不争先恐后买房，而高涨的需求又成为开发商们继续涨价的理由，由此推动房价一轮又一轮地上涨。

又如，无论经济好还是不好，人总得生活，当经济不景气，收入下降时，原来买100元一桶高档色拉油的人，可能转而去买50元一桶的普通色拉油，这种需求刺激了中低档色拉油的价格上涨。中低档色拉油的价格越是上涨，人们越恐慌，担心价格会继续上涨，因而会买更多的色拉油囤积起来。于是就出现了价格上涨而需求增加的“吉芬现象”。

吉芬现象，与我们前面所提到的“炫耀性消费”在表面上看是一样的，但实际上还是有区别的。吉芬现象指的是这样一种现象：其需求与价格之间并不呈负相关关系，价格上涨不仅不会导致需求减少，反而使需求增加，而价格下跌反而会导致需求减少。这是因为经济危机来临，穷人买不起贵重商品，就囤积一些低档产品备用，低档消费品买的人多，价格自然就随之上涨。而“炫耀性消费”则是其商品价格定得越高，越能受到消费者的青睐，从而造成“商品价格越高，消费者反而越愿意购买”的消费倾向。在消费形势向好的情况下，“炫耀性消费”很明显，比如一个包标价100元可能无人问津，但标价1000元的时候，很多人趋之若鹜。

第三章

营销经济学：做个会卖瓜的“王婆”

酒香也怕巷子深——广告宣传

广告是生产厂商为了自己某种特定的需要，以一定形式的媒体，广泛而公开地向公众传递信息的一种宣传手段。广告是市场经济中的一种必然产物，自从有了商品的交换和生产，广告也就应运而生。

不管你承不承认，广告已经成了我们生活中的一部分。翻开报纸，平面广告迎面而来；在大街上行走，各种立体广告充斥视野；电视机一打开，电视广告铺天盖地。为什么现在的商家这么乐衷于做广告呢？

俗话说“酒香不怕巷子深”，在物资匮乏的计划经济时代，只要你的酒好，哪怕你地处偏僻，也照样会有人慕名来买。它强调的是“酒一定要好”。现在却是“酒香也怕巷子深”，这体现了市场竞争的重要性：就算你的酒再好，如果没有很好的营销意识和手段，不懂得如何把自己的产品、品牌优势最大化地传播出去、让它深入人心，换言之，就是你的“巷子很深”——你离市场很远、离消费者很远，那么也难免被淘汰出局。所以说，再好的产品没有广告宣传也不行。

随着市场经济的发展，商家打广告已经变得越来越普遍。通过广告，尽可能地扩大产品的市场占有率，让更多的人知道自己的产品、购买自己的产品，已经成了每一个商家的梦想。

恒源祥的名字在我国可谓妇孺皆知。其公司董事长、党委书记刘瑞旗在一次采访中说：

“1992年，在当时颇受上海观众（特别是女性）喜爱的台湾电视剧《婉君》上投放了广告。当时电视台的最小广告投放单位是一次15秒，费用约3000元。我咬牙花了十几万买下了连续剧的系列广告时段……电视广告脚本的制作没有请明星，也没有大制作，而是找来几块纸板，剪了代表恒源祥形象的小囡头和‘恒源祥羊羊羊’六个字，然后制作成简单的动画，每5秒中可以读两遍‘恒源祥羊羊羊’，一部电视剧播下来就重复了6遍。”

没想到这一创意取得的效果出乎意料的好，“恒源祥羊羊羊”6个字给观众留下了深刻的影响，恒源祥作为毛线的代名词迅速深入人心，恒源祥的毛线也随着广告的播出而风靡整个大上海，刘瑞旗的国营小商店就这样成了没有工厂的大毛线“厂”。

后来，恒源祥用同样的方式在中央电视台制作了5秒广告，再获成功，使其迅速成为国内毛线产业的第一品牌。

可见，好的广告可以成为企业成长的助推力。事实说明，几乎任何产品都离不开广告宣传，这已经成为一种不可或缺的营销策略。

丘吉尔曾经说过：“广告充实了人类的消费能力，创造了追求幸福生活的欲望，它为我们建立了改善生活的目标，也促进了人类奋发的意志。”

广告是通过一定媒体向用户销售产品或招徕、承揽服务以达到增加了解和信任，从而扩大销售目的的一种营销形式。当今世界，商业广告已十分发达，很多企业、公司、商业部门都投入大量资金进行广告宣传。

可口可乐公司的前任老板罗伯特·伍德拉夫有一句名言：“可口可乐99.61%是碳酸、糖浆和水。如果不进行广告宣传，那还有谁会喝它呢？”

零点调查公司做过调查，结果显示，92.7%的人喝过各类的可乐，而在消费者中，对饮料的购买，有75.4%的受访者承认自己的选择受广告影响。

曾经有一位业内人士也评说：“可乐的毛利率在15%～20%之间，口味差别不大，主要是宣传，形象宣传好了，市场占有率自然也就高了。”

可口可乐公司1886年的营业额仅为50美元，广告费却为46美元；1901年营业额为12万美元，广告费为10万美元；如今每年的广告费更是超过数亿美元。算一算可知，1886年可口可乐公司投入的广告费为92%，1901年为83.3%，可能正是这些惊人之举使可口可乐这种99.61%都是碳酸、糖浆和水的饮料，销售量居世界第一。

有人把广告比作信息传播的使者、营销的推进器、企业的“介绍信”、产品的名片。也有人认为，在今后的社会里，没有广告，产品是很难卖出去的，没有广告，企业也无法产生效益。也就是说，广告是企业营销不可或缺的手段，能否有效地使用广告直接关系到企业的成败。

1995年之前，康佳彩电公司销售刚刚有所起色，但由于信息宣传不力，消费者对康佳彩电存在很多认知盲点和误区。这对企业形象的树立和产品的广泛传播造成了很大障碍，以致经常有消费者将康佳彩电的产品同其他质量次等的产品混为一谈。

为了改变身处彩电业的劣势，提高自己的知名度，康佳彩电吸取了过去的教训，并在1995年推广最新款彩电“彩霸”系列时，加大了广告宣传的力度，利用频繁出现的彩色广告和鲜明的标语，给消费者留下了深刻印象。它还聘请影星周润发、张曼玉做产品形象代言人，从而为品牌做了更有影响的宣传。

时下，广告已成为企业经营活动中不可缺少的一个环节，对提高产品销量和提升企业形象起着举足轻重的作用。

广告刺激着消费，创造消费需求。大规模生产需要市场，广告是为顾客提供产品信息并劝告顾客购买的方式之一。广告是厂商和大规模市场沟通的主要方式，能够传递其营销的重要信息。在当今这个蓬勃发展的经济时代，如果没有广告，没有宣传，别人就不一定知道你的产品。因此，无论是大生意，还是小买卖，广告都是必需的。

伯乐相马的故事——名人效应

在我国古代有一个伯乐相马的故事：

有个要卖马的人，一连卖了三天都无人过问，他就去见相马专家伯乐，说：“我要卖一匹马，可一连三天都无人过问。请您无论如何帮助我一下。您只要围着我的马看几圈，走开后回头再看一看，我奉送您一天的花费。”伯乐同意了，真的去市场上围着马看了几圈，临走时又回头看了看，伯乐刚一离开，马价立刻暴涨了十倍。

这则故事便是名人效应的完美体现，对于买马的人来说，既然是伯乐看过的马，想必也不会差到哪里去，跟着伯乐选，总会没错吧。对于卖马的人来说，虽请伯乐花了几个小钱，但获得的是更大的利润，并无损失可言，自然乐在其中了。这可能是我国最早借助名人提高知名度和美誉度的实例了。

所谓名人效应，是名人的出现所达成的引人注意、强化事物、扩大影响的效应，或人们模仿名人的心理现象的统称。名人效应已经在生活中的方方面面产生深远影响。在销售活动中，一些商家善于研究和迎合消费者，根据人们对社会名流爱慕、崇敬的心理，便借助名人的声望来做广告，推销产品，往往颇为奏效。

当今社会，借名人造势，借名人制造一些新闻看点，已经成为商界的一个常用策略。很多企业已经认识到，利用人们熟悉和崇拜名人、明星的心理，有意识地把产品或服务与他们联系起来，能更好地引起消费者的注意，从而增强人们的购买力。

天津飞鸽牌自行车当年在开拓海外市场时遇到了不小的阻力。1989年，正为开拓海外市场犯愁的自行车厂听说新当选的美国总统布什即将访华。因布什夫妇是一对自行车迷，酷爱自行车运动。自行车厂觉得机会来了，希望把飞鸽牌自行车作为礼品，送给布什夫妇。这个想法经过层层上报，最终得到了国务院的批准。

当两辆飞鸽自行车作为礼物送给布什夫妇时，他们显然十分高兴，并当场表示第二天就会骑一骑。后来这个骑车的场面被全世界上百家知名媒体所报道。飞鸽牌自行车开始名扬全世界，打开了海外市场。

在市场营销中，借助名人来给自己的产品做宣传不失为一条生存之道。名人效应可以说引领了一种潮流，吸引着大批的人跟进。

心理学家认为，普通人对于名人都有一种崇拜心理，虽然这种心理的外在表现形式有所不同，但这种心理使然，会产生爱屋及乌的效果。例如，人们会在潜意识中想要去模仿名人的衣着打扮等。因此，充分利用公众的这种心理，就成了如今广告业界的共识。

一些正在创建自有品牌的企业其实更需要借助名人效应来提高自己的社会知名度和产品美誉度。毕竟品牌创建之初，在客户当中的信誉度与推广度会受很大限制，如果经营者能够借助名人效应，拉近品牌与消费者之间的距离，打响品牌的知名度，这样就能支撑企业长远的发展和进步。

名人具有强大的影响力和知名度。借助他们推广产品，更具有吸引力、感染力、说服力和可信度，有助于引发大众的注意、兴趣和购买欲，同时体现品牌实力，进一步提升企业和产品的社会形象力。

包装比商品更值钱——杜邦定理

20世纪50年代，生产长筒袜美国杜邦公司的市场占有率不断下降。对此，杜邦组织专家进行全面市场调查分析，发现：论产品质量，杜邦好于同行；论产品包装，则不如同行。于是，杜邦公司在包装上做了重大的改进，很快扭转了市场销售的不利局面。通过这件事，杜邦根据切身体会和市场调查结论，提出了著名的“杜邦定理”，即有63%的消费者是根据商品的包装进行购买决策的。杜邦定理推动了世界各地的企业在产品包装上不断创新。

在今日，包装早已不仅仅只是起到保护商品的作用，而更多的是具有促销的作用。包装是代表企业与消费者接触最多、成本最低的一种媒介，传递着品牌与产品的价值。顾客购买产品时首先会通过包装判断产品的价值，而对价值的判断不仅是从审美的角度，而且是通过包装所传递的满足或引导潜在需求的信息来实现的。

一方面，今天的消费者在消费行为上越来越个性化，越来越注重包装的美学效能，在相同的质量、价格下，人们的购物选择方向可能会转向包装更好的。另一方面，包装策略可以配合价格策略使用，利用包装的变化来改变价格并强化或淡化消费者的感觉。包装会使消费者对产品的态度和好恶产生影响，而这种影响又不可避免地会作用于消费者的购买决定。

国外一项调查表明，有50%～60%的消费者是受产品包装的影响而产生购买欲望，并付诸实际购买行动的。因此，企业要设法使消费者在产生某种需求时，便在脑海中浮现出这种产品的包装形式，进而产生反射作用，从而促成购买该产品。

俗话说："佛靠金装，货靠包装。"质量再好、设计再独特、功能再齐全的产品，若是没有良好的包装，也很难引起消费者的购买兴趣。毫无疑问，如果没有一流的包装，就不会有一流的价格。可见，包装的优劣程度与产品的售价和销售量是密切相关的。

某品牌葡萄酒源自法国著名的酿酒区，选用当地优秀的葡萄品种，并由人头马专业酿酒师酿制而成。因此，在产品包装尤其是酒标设计中遵循了法国葡萄酒的酒标设计，来体现自己独特的身份。在其酒标设计中，以礼带图形化的诉求方式代替了繁杂的文字介绍，更加直观、清晰。该品牌葡萄酒一经推出，在市场上取得了很好的销售成绩。

新颖独特的包装可以传达产品的属性和定位，可以引起消费者购买和试用的欲望，可以通过视觉刺激提升产品知名度。这就是包装的独特魅力。对个人来说，三分长相，七分打扮。对商品来说，也是如此。一种产品的质量、性能固然要好，但对它的外部包装也断然不可忽视。不同的包装呈现在人们面前时，往往会给包装好的产品在心中定个高的价位，因此，可以说，包装效果在很大程度上可以"蒙蔽"人。人总是爱美的，往往被包装的美所吸引进而去关注产品、购买产品的事例屡见不鲜。例如女士化妆品，如果包装平平，有多少爱美女士会买？如果精心设计、包装后，但价位偏低，也不会畅销，因为别人会认为如此精美的包装才卖这点钱，可能是“水货”。所以，对于高品质的产品而言，高档次的包装必然会带来高额的利润。

很多企业的产品之所以销售不好，并不是它的质量和性能不好，而是它太不注重“打扮自己”了。对于人们的购买决定，包装给人的感觉要比产品本身的好坏重要得多。因此，若要让人对某种廉价酒赞不绝口，就应将其装在高级的酒瓶里。

包装作为产品外在的附加因素，是产品质量、档次的体现。另外，包装在一定程度上也影响着消费者在使用之前对产品的印象。所以，包装不但要准确地反映出产品的特色和定位，更要符合消费者的认知习惯。

据英国市场调查公司资料，一般上超级市场购物的妇女，由于受精美包装的吸引，所购商品通常超过出门时打算购买数量的45%。可见，包装是商品的脸面和衣着，它作为商品的“第一印象”进入消费者的眼帘，撞击着消费者购买与否的心理天平。

包装被誉为“不说话的推销员”，“现代营销学之父”菲利普·科特勒认为，包装已经成为一项非常重要的产品营销工具，它是产品的一部分。

那么，好的包装应该从何做起呢？营销专家建议，我们可以从以下4个方面改善我们的包装。

1. 便于携带，方便使用

为了商品的使用方便，包装要大小适宜。对于旅游食品、饮料，应一人一次能用完为宜；对于开包后易挥发、易变质且用量又不大的商品，包装不宜太大。为便于携带，有的商品包装应设计成带提手的，且比较坚硬结实的包装或盒装。

2. 具有审美价值

包装设计要外形新颖，色彩明快，具有装饰性和观赏性，使顾客看后有美的感受。特别是礼品包装，要美观大方，具有较强的艺术性，以增加商品的名贵感，从而达到宣传商品、扩大销售的目的。

3. 重复使用包装

重复使用包装是将原包装里的商品用完后，其容器再做别的用途。这种包装策略，一方面可以增加消费品的使用价值；另一方面因包装上有商标，可起到宣传商品的作用，引起消费者重复购买。

4. 附赠品包装

附赠品包装由于赠品的附加而引起消费者的购买欲望。在以儿童消费为主的市场，这一策略效果尤为显著，如在包装盒内附有连环画、人物彩色照片、集字图、小动物模型、小玩具以及赠品券等，这极易引起儿童的兴趣，从而形成忠诚的儿童消费群。

总之，市场营销中的各种包装策略都应与市场相适应，其最终的目的是利用包装这个形式来推销产品本身，拓宽市场，提高市场占有率，实现企业的营销目标。

裁缝打赌——注意力经济

古印度有个大财主叫摩诃密，他的7个女儿均有沉鱼落雁、闭月羞花的姿色。他将她们视若掌上明珠，每有宾客前来，必然让她们出来展示一番。

一天，一名自称是裁缝的客人突然来访。他对摩诃密说：“我听说您的几个女儿都有着绝代风华，但作为一名裁缝，我觉得她们还没有我做出的衣服漂亮。”听到这里，摩诃密的内心不由得聚集了一团怒火。这时，裁缝说：“我们打个赌，我将制作出世界上最美丽的衣裳，您让她们到我的店里来试穿。假如大家都说您的女儿比我的衣服漂亮，那我就输给您500两白银，否则您就输给我500两白银，怎么样？”摩诃密一听，立即答应了。

第二天，摩诃密带着女儿们来到裁缝的店铺。女儿们穿上裁缝的衣服，围观的人们顿时发出啧啧的赞叹声。人人都夸她们美貌绝伦，同时赞叹裁缝的手艺巧妙精良。不过，当提到哪个更胜一筹时，大家一致认为摩诃密的女儿们更漂亮。得到了人们的肯定和500两白银，摩诃密非常高兴。奇怪的是，输了钱的裁缝似乎比他更高兴。

摩诃密很疑惑，便偷偷派人观察，结果发现，自从这次打赌后，裁缝店里就挤满了爱美的女子，人人都要购买裁缝的衣服。而裁缝所卖的衣服价格也从打赌那天开始，由1两白银变成了3两白银。

原来，裁缝利用了摩诃密贪财和好胜的心理，利用美女们的“时装秀”，为自己的手艺做宣传。通过这样的手段，他成功地吸引了人们的注意力，扩大了衣服的销售量。精明的摩诃密未能察觉其中的陷阱，白白地为裁缝做了“垫脚石”。裁缝借助“美女效应”大大提高了自己的衣服销量，这就是注意力经济。

“注意力经济学”这一术语由来已久。著名经济科学家、1978年诺贝尔经济学奖获得者赫伯特·西蒙，率先阐述了其基本原理——当公众接收信息时存在着消费，消费的正是他们的注意力。不过，直到20世纪90年代末期，随着计算机网络的兴起，注意力经济学这一理念才真正受到世人的关注，并获得了非常广泛的应用。

在信息量骤增的当今社会，“注意力”已经成为一种稀缺的商业资源，它的出现对风起云涌的营销产生了广泛的影响。

所谓注意力，从心理学上看，就是指人们关注一个主题、一个事件、一种行为和多种信息的持久程度。

在把注意力转化为经济价值的过程中，媒体既是注意力的主要拥有者，又是注意力价值的交换者，所以，传媒经济就是以注意力为基础的经济。但在当今信息过剩的社会，吸引人们的注意力往往会形成一种商业价值，可获得经济利益，因此，注意力往往会成为一种经济资源。而由这种注意力所形成的经济模式，就是“注意力经济”。进一步讲，注意力经济是指最大限度地吸引用户或消费者的注意力，通过培养潜在的消费群体，以获得最大的未来商业利益的经济模式。在这种经济状态中，最重要的资源既不是传统意义上的货币资本，也不是信息本身，而是大众的注意力。大众只有注意到某种产品，才有可能购买它。而要吸引大众的注意力，重要的手段之一就是视觉上的争夺，因为人们的信息80%是通过视觉来获得的。

一个规模很小的食品公司，生产资金只有十几万，但老板很有信心，在单位的文化墙上写着“要做这座城市辣酱第一品牌”的豪言壮语，时刻激励着员工的信心。辣酱上市之前，老板寻思着给辣酱做广告。他本来想在这座城市某个热闹的街头租一个超大的、显眼的广告牌，标上他们的产品，让所有从这里走过的人一下子都能注意它，并因此知晓他们的辣酱。

但是当他和广告公司接触后，才发现市中心广告位的价格远远高于他的想象，他那小小的企业承担不起这天价的广告费。

可是他并没有放弃，而是到处打探，试图找到哪里有便宜而且实惠的广告位置。经过反复寻找，他终于看好一个城门路口的广告牌。那里是一个十字路口，车辆川流不息，但有一点遗憾就是，路人行色匆匆，眼睛只顾盯着红绿灯和疾驶的车辆。在这里做广告很难保证有很好的效果。他打探了一下价格，几万元。老总却很满意，于是就租了下来。对于老总这个举措，员工们纷纷提出质疑，但老总只是笑而不答，仿佛一切成竹在胸。

旧广告很快撤下来，员工们以为第二天就能看到他们的辣酱广告了。然而，第二天，员工们看到广告牌上根本就没有他们的辣酱广告，上面赫然写着：“好位置，当然只等贵客。此广告招租88万/全年。”

天哪，这样的价格该是这座城市最贵的广告位了吧。天价招牌的冲击力似乎毋庸置疑，每个从这里路过的人似乎都不自觉地停住脚步看上一眼。口耳相传，渐渐地，很多人都知道了这个十字路口上有个贵得离谱的广告位虚席以待，甚至当地报纸都给予了极大关注……

一个月后，辣酱的广告登了上去。

辣酱厂的员工终于明白了老总的心计，无不交口称赞。辣酱的市场迅速打开，因为那“88万/全年”的广告价格早已家喻户晓。辣酱也随之成为这座城市的知名品牌。

在这个事例中，食品公司的老总成功地利用注意力经济为自己的产品打了广告。这就是注意力经济的一个显著特点，能够吸引人们眼球。

注意力经济，也称眼球经济，或是美女经济，是依靠吸引公众注意力获取经济收益的一种经济活动。注意力之所以重要，是由于注意力可以优化社会资源配置，也可以使厂商获得巨大利益。

注意力经济形成了一种新的商业环境和商业关系，它改变了市场的观念以及市场的价值分配，最明显的表现就是我们进入了一个品牌经济时代。在这样的环境下，商家更加注重公众的注意力和对长期顾客的维护。这就需要顺势而动，利用好注意力经济，以便于自己在未来获取到更多的红利。

总之，我们每个人的注意力背后都隐藏着巨大的商业价值。注意力可以带来影响力，而影响力产生价值，这与“流量为王”的观点有许多类似之处。注意力经济时代，企业想要撬动品牌传播势能，还得先学会吸引消费者的关注。

自作聪明的妻子——诚信营销

有这样一个故事：

有一对夫妻，下岗后开了家烧酒店，自己烧酒自己卖，也算有条活路。

丈夫是个老实人，为人真诚、热情，烧制的酒也好。

有道是“酒香不怕巷子深”，一传十，十传百，酒店生意兴隆，常常是供不应求。

看到生意如此之好，夫妻俩便决定把挣来的钱投进去，再添置一台烧酒设备，扩大生产规模，增加酒的产量。这样，一可满足顾客需求，二可增加收入，早日致富。

这天，丈夫外出购买设备，临行之前，把酒店的事都交给了妻子，叮嘱妻子一定要善待每一位顾客，诚实经营，不要与顾客发生争吵……

一个月以后，丈夫外出归来。妻子一见丈夫，便按捺不住内心的激动，神秘兮兮地说：“这几天，我可知道了做生意的秘诀，像你那样永远也发不了财。”丈夫一脸愕然，不解地说：“做生意靠的是信誉，咱家烧的酒好，卖的量足，价钱合理，所以大伙才愿意买咱家的酒，除此还能有什么秘诀？！”

妻子听后，用手指着丈夫的头，自作聪明地说：“你这榆木脑袋，现在谁还像你这样做生意。你知道吗？这几天我赚的钱比过去一个月挣的还多。秘诀就是，我给酒里兑了水。”

丈夫一听，肺都要气炸了。他没想到，妻子竟然会往酒里兑水，他冲着妻子就是重重的一记耳光。他知道妻子这种坑害顾客的行为，会将他们苦心经营的酒店的牌子给砸了。

做买卖，以次充好、以假乱真，这是对消费者极不负责的奸商行为。俗话说：“百金买名，千金买誉。”这就说明信誉的重要性，它比“名”还可贵，同时说明信誉是要花大力、下大本钱才能赢得的。所以，成功的企业家往往把商业信誉和品牌看成比黄金更宝贵的财富，集毕生之力来塑造品牌，像爱惜自己的生命一样爱惜自己的商业信誉。他们有很好的品牌意识，注重这种无形资产的建立，从而使自己品牌百年不倒。

诚信是企业营销的永恒话题。那些历经百年而不衰的企业，真正支撑它们的不是产品，不是技术，而是不变的使命，是一以贯之的诚信。当今，市场经济进入诚信时代，作为一种特殊的资本形态，诚信日益成为企业的立足之本与发展源泉。任何一个行业或企业都要讲信用，不讲信用，就难以开展商业活动。

众所周知，温州是我国率先由发展家庭工业、专业市场和个体私营经济，进行多种所有制经济共同发展壮大起来的地方。然而，在改革开放初期，由于市场的不规范，某些个人因利益驱动，利欲熏心，各企业之间为了抢占市场，竟然互相压价，故造成了以次充好、以劣充优、假冒伪劣产品泛滥成灾的局面。为此他们也付出了沉重的代价。

1987年，在杭州武林门广场，5000多双温州劣质皮鞋被付之一炬。之后，上海、南京、武汉、沈阳等几十个大城市陆续展开对温州鞋的全面“围剿”，商家纷纷把温州皮鞋“驱逐出境”。那时，全国许多商场都打出了拒卖温州货的招牌。温州一度成为“假冒伪劣”的代名词，并因此“闻名”全国。

严酷的现实在刺激着这些温州人：靠假冒伪劣可能获得一时富裕，但绝对维持不了长久的繁荣与发展。痛定思痛，温州人壮士断臂，毅然决然与失信的昨天告别，开始寻找曾经丢失的信用。这是特定历史条件下温州人失误后的一次大觉醒。

1993年，温州市委、市政府果断地提出了“质量立市、名牌兴业”的战略决策。政府的重视，法律的威慑，诚信的感召，利害的权衡，政治、法律、道德、经济等各种力量的交互作用，使

“质量立市、名牌兴业”成了温州人自觉的行动。结果在短短10年间，温州80%以上的企业有了自己的质量计量和检测手段，有1400多个产品获得了安全认证或者合格认证，有700多家企业通过了ISO9000质量体系认证。从此，温州人又重新开始找回诚信的文化传承，并发扬光大。

这个经验教训告诫人们一个铁铮铮的道理：“失信则衰，守信则兴。”无论是经营商品的企业，还是个人，要想获得成功，关键是要看其在人们心目中的社会信誉如何。一切生产和经营商品的企业和个人，只有靠自己的商品质量，才能树起自己的社会信誉，长盛不衰。任何忽视商品质量、不守信用的企业、个人，都是注定要失败的。

诚信是从事商业活动的基础。对于任何一家企业而言，拥有信任就拥有了取之不尽、用之不竭的资源，而拥有信任的前提是，企业自身是否做到了遵守诺言、童叟无欺。美国著名企业家杰克·韦尔奇说：“我们没有警察，没有监狱。我们必须依靠我们员工的诚信，这是我们的第一道防线。”他领导的通用电气公司在短短20多年里，经营业绩猛增了30多倍。

诚信是市场的黄金规则，市场经济越发达越要讲求诚信，这是市场经济的内在要求，也是文明的基石和标志。因此，企业经营者为了消费者的长远利益，也为了企业自身的生存，实施诚信营销是一种明智选择。

1835年，约瑟夫·摩根先生听一位朋友讲，一家名叫伊特纳的火灾保险公司为了扩大自己的实力，宣布凡是加入公司的新股东，不需马上注入奖金，只要在股东名册上签下自己的名字，就可以成为该公司的股东，而且很快就会有良好的收益。摩根先生毫不犹豫地就在那本股东名册上签下了他的名字，成为伊特纳火灾公司的一名股东。

天有不测风云。也就在那一年的冬天，纽约突发了一场特大火灾。伊特纳火灾保险公司的股东们一个个傻了眼，纷纷退股来挽回自己的损失。珍惜自己信誉的摩根先生再三斟酌，决定舍财保信誉。他卖掉了自己苦心经营多年的旅馆和酒店，低价收购了大家的股份，成了这家公司最大的股东。他又通过其他融资渠道，以最快的速度将15万美元的保险金赔付了投保人。一时间伊特纳火灾保险公司的声誉传遍了整个纽约。

为了偿还赔偿金，摩根先生已经濒临破产，只剩下一个空壳般的保险公司。他从朋友那里借钱，然后刊登广告：本公司为偿还保险金已经竭尽所能，从现在开始，再投保本公司的投保人，保险金一律增加一倍。

第二天早晨，身上只有5美元的摩根先生拎着公文包上班。当走到公司所在的那条大街，只见那条大街被挤得水泄不通，许多前来投保的人挤在伊特纳火灾保险公司的大门口。大家可以想见，不久摩根先生就买回了原来的旅馆和酒店，还净赚了30万美元。

这位摩根先生就是20世纪初主宰华尔街的约翰·皮尔庞特·摩根先生的祖父，是美国亿万富翁摩根家族的创始人。一场突发的火灾曾使摩根先生濒临破产，同样也是这场火灾成就了一个家族的事业。摩根先生成功的秘诀就是讲诚信、重信誉。

“小信成则大信也”，无论是做人、做事，还是做企业，诚信在其中必不可少。就个人而言，诚信是高尚的人格力量，是立身之本；就企业而言，诚信是宝贵的无形资产，是立业之本。大凡一个成功的企业，在创业之初，都要经受诚信的考验。企业能够由小到大，由弱变强，无不需要诚信的支持。依靠诚信的企业形象，可以开拓出无限的商机，甚至吸引更多的客户上门寻求合作。特别是随着信用经济的发展，企业的资产并不仅仅表现为有形资产，而是由有形资产和无形资产共同融合而成。在无形资产中，处于核心地位的便是商业信誉，信誉好则生意兴隆。

总之，诚信是经营与管理的核心，它是企业赖以生存的土壤，能让我们打开市场，扩大经营份额。特别是处在当今市场经济的条件下，企业的经营由过去的生产导向转变为消费导向，企业与客户之间发生了根本性的变化，企业要发展，只能在顾客消费者认为是可靠可信的基础下，才能得到丰富的收益与回报，反之如果不讲诚信，就会让企业的形象大打折扣。

市场竞争的王牌——品牌效应

在经济学中，品牌，不仅仅是一个牌号和产品名称，它是产品属性、名称、质量、价格、信誉、形象等的总和，是一种有别于同类产品的个性表现。品牌是企业的无形资产，已成为企业最宝贵的财富。因为，在不同企业，产品的性能、质量、销售服务的差异日益缩小时，品牌已成为消费者选择产品的主要依据。品牌的竞争力成为提升企业形象及增加企业赢利的关键。

纵观可口可乐、奔驰等名牌产品的发展历史，可以使我们体会到：一个企业的形象如何，可以用“美誉度”和“知名度”两项指标来衡量。所谓美誉度是表示社会公众对一个企业的赞誉和信任的程度。这两项指标的高低，往往是通过公众对企业所创造的名牌产品的了解和赞誉间接得出的。从这个意义上看，名牌产品是全面了解和正确评价一个企业的窗口，是树立企业美好形象的媒介。更重要的是，良好的企业形象是最重要的无形资产。如果一个企业在社会公众中信誉卓著、形象美好，就能够吸引更多的顾客，比较容易取得优质原材料和销售系统优势，也比较容易筹集资金。而名牌产品则是企业树立形象的坚实基础和可靠保证。

海尔集团创始人、董事局名誉主席张瑞敏说：“名牌就是在同等条件下，比别的品牌卖得多，卖得快，而且价钱更高。”这句话，极形象地说明了创立名牌和发展名牌的重要性，也道出了名牌的优势。

不管哪一个企业，想在复杂而激烈的市场竞争中成功发展，必须在品牌经营中，努力创立名牌和发展名牌。

20世纪80年代，广东太阳神集团公司还是一家默默无闻的乡镇企业，原名为广东东莞黄岗保健饮料厂，其产品市场销售平平，1988年该企业年产值为520万元，然而到1990年产值增至4000多万元，1991年达到8亿元，1992年竟达到12亿元，四年间增加了近230倍。该企业经营出现奇迹的重要因素是1988年所采取的一个动作——委托广东两位设计师设计标志，由广州新境界设计群负责总体策划并导入CI标志（企业文化识别系统）。

太阳神商标充分展现了热情、欢乐、健康、智慧、保护和创造，突出地体现了如下五大优势：高瞻远瞩地表达企业的向上精神和战略目标；形象地体现企业及商品独特的个性与气质；贴切地反映产品的属性和功能；读音响亮，通俗易记，含义隽永；以昂扬的格调引起种种美好的联想与追求。以“太阳神”作为企业、商标、产品形象三位一体的整体形象，利于强化企业文化意识与凝聚力，有利于导向高层次、多功能、国际化、商品化、系列化、标准化、集团式的全方位发展战略，可以唤起企业高度的社会责任感，激励企业职工为树立统一鲜明的形象，扩大企业及其产品在国内外的影响而共同奋斗。

经过几年的努力，随着企业形象和知名度的提高，太阳神集团产品销售日益增加，市场覆盖面越来越广。企业销售人员由上门推销转为待客订货，资金回笼迅速，同时得到了银行贷款的大力支持。于是，企业就飞速发展起来。

经营企业是一个艰辛的历程，每一个企业所面临的最重要的问题并不是如何建立一套严格的规章制度。那只是手段，而是要思考如何才能赢利，如何才能生存下去，如何能够取得自身独特的竞争优势，这才是根本目的。品牌是一个企业、一件商品特征的综合体现，它的作用是使消费者能够从竞争的各种商品中辨认出特定的牌子。从长远来看，品牌形象的确立可以让企业在激烈的商业竞争中大大减少风险，获得持久的竞争优势。

在现代经济中，品牌已成为一种战略性资产和核心竞争力的重要源泉。品牌一旦成为名牌，就能够产生普通品牌难以达到的巨大作用。这一作用就是名牌效应。一般品牌，顾客喜欢挑三拣四，而对名牌却不加怀疑地接受，爱慕有加。名牌效应可以给企业带来高额的经济收益和显赫的声誉、荣耀，大大提高企业在市场上的占有率，提高企业在消费者心目中的形象，从而表明企业的巨大成功。

1992年秋天，法国梅兰日兰电器集团中国总代理和随同人员一起来到温州柳市镇低压电器市场考察。他们此行的目的十分明确，为了和国际大集团争夺中国市场，他们需要在中国国内寻找合作“伙伴”。对柳市镇低压电器早有了解的总代理径直来到正泰集团，找到了董事长南存辉，并开门见山地说出了此行的目的。

“成为集团子公司有什么优惠条件?”南存辉问。

对方总代理的回答很明确：“技术、资金和梅兰日兰的国际品牌。”

南存辉心想：这三项正是正泰急需的东西。但如果接受别人的品牌，就意味着自己多年艰辛创下的“正泰”品牌将不复存在。

“谢谢贵公司的关注。作为一个中国人，我们更愿意创造中国人的品牌。”南存辉作出了重大抉择。

此言一出，总代理十分惊讶。随之同行的原国内一家国有企业的领导人忍不住发了话：“老弟，说实话，你的精神和信念让我十分佩服，但市场经济是残酷无情的，谁都想创造出自己的牌子，但太难了！”

确实如此。创造中国低压电器品牌，振兴民族工业，确实是一件很不容易的事情，它需要一代又一代人的努力，也正因为如此，才需要有人去开拓、去创造。

就在这件事后，梅兰日兰电器集团中国总代理深有感触地说：“在中国真正的竞争对手并不是德国的西门子，也不是美国通用电气，而是像南存辉这样一批土生土长的企业家。”

其实，自正泰集团成立的那一刻起，南存辉就励精图治，依靠自己的诚信和极高的产品质量创造“正泰”的品牌，使正泰电器相继被国内20多个省、市质量技术监督局定为免检产品，并于1999年12月被原国家工商总局认定为中国驰名商标。

南存辉所领导的正泰集团还率先跳出国内市场的禁锢，走向营销全球化。到2024年，正泰在国内外建立的销售公司和特约经销处已达到2000多家，正泰电器畅销世界40多个国家和地区，低压电器产销量连续几年在全国名列前茅。立足于低压电器的相关产业也迅速“长大”，形成了低压电器、输配电设备、仪器仪表、通信电器、汽车电器、建筑电器和计算机软件开发等几大支柱产业。

品牌是企业长远发展的关键，缺乏自己的品牌，就只能为他人做嫁衣裳，拥有自己的品牌，企业才能获得长远的发展，真正成为百年老店。这是企业经营成功的定理。

品牌就是效益。正如美国著名品牌战略专家汤姆·彼得斯所说的：“品牌为主”。在市场经济中，品牌资产已经成为企业赢利的关键。面对着激烈的市场竞争，企业要树立品牌意识，制定品牌战略来推动企业经营战略，创建品牌、做好品牌定位、提升品牌知名度，最终创造和提高品牌的资产价值，使企业在竞争中保持长期增长的优势。

共生营销的智慧——捆绑销售

美国约翰逊化妆品制造公司是一家专门为非裔美国人生产化妆品的公司。在创业之初，公司老板约翰逊先生遇到了销售难题。由于当时一家规模很大的化妆品专属制造商佛雷公司几乎垄断了美国市场，所以约翰逊公司的产品销售份额并不大。

为了扩大产品的销售量，经过长时间的冥思苦想，约翰逊终于想出了一句措辞非常巧妙的广告语："当你用过佛雷公司的化妆品，再擦一次约翰逊公司的粉质膏，将会得到意想不到的效果。"

这一招果然奏效，不仅没有引起佛雷公司的排斥，而且使消费者很快就十分自然地接受了他的产品。

后来，随着产品销量的大幅增长，约翰逊公司适时地抓住了这一大好时机，迅速占据了化妆品市场，并强化了产品在市场上的地位。经过几年的努力，约翰逊系列化妆品占领了美国非裔化妆品的绝大部分市场。

当自身产品在市场中处于弱势地位的时候，约翰逊巧妙地借助著名公司的化妆品影响力对自身产品进行宣传，最终开辟并占据非裔化妆品市场。如果用经济学的视角看待这一事件，则涉及了"捆绑销售"的概念。

在日常生活中，你是不是会遇到这样的情况呢？比如，

“买牙膏送牙刷”“充话费送手机”“买房送户口”“买房送装修”……不知从何时开始，捆绑销售已经渐渐出现在我们生活的方方面面。那么，什么才是捆绑销售呢？

从经济学角度来说，捆绑销售是共生营销的一种形式，是指两个或两个以上的品牌或公司在促销过程中进行合作，从而扩大它们的影响力。它作为一种跨行业和跨品牌的新型营销方式，开始被越来越多的企业重视和运用。

为何越来越多的企业热衷于捆绑销售，同时众多的消费者也对捆绑产品趋之若鹜？因为合理、有效的捆绑确实能为企业带来良好的收益和价值：

1. 捆绑销售可以降低销售成本。通过学习交流，获得学习效应，提高营销效率，降低销售成本；通过共享销售队伍来降低销售成本；通过与生产互补产品的企业合作打广告可以降低广告费用。

2. 服务层次的提高。通过与其他企业共享销售队伍、分销渠道，使顾客能够更方便购买，得到更好的服务，来提高产品的差异性，增强顾客的忠诚度。

3. 捆绑销售可以达到品牌形象的相互提升。弱势企业可以通过和强势企业的联合捆绑，提高企业产品和品牌在消费者心中的知名度、美誉度，从而提升企业形象和品牌形象。强势企业也可以借助其他企业的核心优势互补，使自己的产品和服务更加完美，顾客满意度进一步增强，品牌形象也更优化。

4. 增强企业抗风险能力。通过企业间分工协作，优势互补，形成大的虚拟组织，提高企业抗冲击的稳定性，再以虚拟的组织模式变“零散弱小的船只”为强大的“航空母舰”。

5. 可以逼近帕累托最优。意大利经济学家维弗雷多·帕累托认为，如果改变资源的配置已经不可能在不损害任何一个人的前提下，使任何一个人的处境变得比以前更好，这意味着社会资源的配置达到了最优状态，即帕累托最优状态。既然共享资源、优势互补的捆绑销售可以使联合双方变得比以前更好，那么，社会资源的配置得到了进一步的优化，又向帕累托最优状态逼近了一步。

2000年8月，可口可乐与大家宝薯片一同举办了“绝妙搭配好滋味”的促销活动，就是绝妙地运用了捆绑销售的营销策略。大家宝是一种微咸的休闲食品，而可口可乐则是微甜的软饮料，这种咸甜搭配很适宜年轻人，同时在口感上也可以互相调剂。这就是他们采取这种捆绑销售策略的原因。

年轻人在吃薯片的同时，的确通常喜欢与碳酸饮料搭配。薯片的降价，对促进这种饮料的销售就成了必然。大家宝薯片通过利用消费者的这种习惯，成功地与可口可乐公司进行产品的捆绑，从而使双方共同获利。

在这个事例中，若把大家宝薯片与另外一种薯片“捆绑”到一起进行销售，或者可口可乐和另外一种饮料“捆绑”在一起销售，效果肯定不会这么好。可见，捆绑销售的成功依赖于正确捆绑策略的制定。不是所有的企业的产品和服务都能随意地“捆绑”在一起。捆绑销售要达到“ 1+1>2”的效果取决于两种商品的协调和相互促进，而不存在难以协调的矛盾。只有进行科学的规划，并对相关的品牌实行整合，这样的科学捆绑才有可能制造奇迹。事实上，捆绑是资源整合和再次创新，是在原有的资源基础上创造出一种更有力度的模式。这样，更有利于消费者对信息的处理与接受，甚至会把被动变为主动。

“捆绑销售”既不是倾销，也不是折价销售，更不是买一送三。我们要把它看作一种集宣传、促销以及销售等多种因素于一体的全新事例系统，目的是提高效力与节省资源。捆绑销售方式的合理，可以给生产者带来良好的销售效果。

生活中的捆绑销售的例子很多，只要企业经营者去发掘，肯定会有些营销例子适合你的产品，你可以拿来借鉴借鉴，也许是一种不错的选择！

第四章

投资经济学：你将是下一个有钱人

聚沙成塔的秘密——储蓄

在日本有一个人叫藤田田，他是日本麦当劳株式会社的名誉社长。

在很多年前，藤田田只是一个打工仔。他手中只有5万美元，但他把眼光放在美国的麦当劳上了。那时，麦当劳已经是世界闻名的连锁快餐公司，想要获得它的特许经营权，至少需要75万美元。这对于藤田田来说不亚于天文数字，但是，他没有放弃。他唯一的办法就是贷款。

为此，他敲开了日本住友银行总裁办公室的门，诚恳地向总裁说明了来意。听完了他的讲述，总裁问他有多少现金，有没有担保人。藤田田如实说了，告诉总裁自己没有担保人。

总裁很客气地说："那你先回去吧，我们讨论一下你的要求。"一般人听到这话，就知道对方是委婉地拒绝自己了。但藤田田没有气馁，而是留下继续和总裁交谈。

藤田田说："我有最后一个请求，您能不能给我3分钟的时间，听听我那5万美元的来历？"得到准许后，他开始讲述："您也许会奇怪，我这么年轻怎么会拥有这笔存款？其实，多年来我一直保持着存款的习惯，无论什么情况发生，我每个月都把工资、奖金的1/3存入银行。不论什么时候想要消费，我都会克制自己，咬牙挺了过来。因为我知道，这些钱是我为干一番事业积攒下来的资本。"听了这话，总裁的兴趣一下就被激发了："那你能不能告诉我你存款的银行？我尽快答复你。”

藤田田离开之后，总裁给对方银行打电话求证藤田田的话。得到答复后，总裁马上打电话给他：“我们住友银行，无条件地支持你经营麦当劳的举动。”藤田田很诧异。总裁接着说：“其实原因非常简单。藤田田先生，我的年龄是你的2倍，我的工资是你的30倍，可是我的存款到现在都没有你多。年轻人，我是不会看错人的，加油吧！”

就这样，藤田田用3分钟的时间讲述了自己的储蓄经历，创造了一个商业奇迹。

对于一个想要成功的人来说，储蓄的习惯是非常重要的。当我们检视世界上那些大大小小的创业成功者的经验时，都会发现他们有一个良好的习惯，这就是储蓄存款。即使在经济条件不宽裕时，他们也节衣缩食，一点点积攒、储蓄。一旦面临机遇，这辛苦存下的钱便成为他们成功的起点。

储蓄或者说存款，是深受普通人欢迎的投资行为，也是人们最常使用的一种投资方式。储蓄与其他投资方式比较，具有安全可靠（受法律保护）、手续方便（储蓄业务网点遍布全国）、形式灵活，还具有可继承性。储蓄是银行通过信用形式，动员和吸收居民的节余货币资金的一种业务。银行吸收储蓄存款以后，再把这些钱以各种方式投入社会生产过程，并取得利润。作为使用储蓄资金的代价，银行必须付给储户利息。因而，对储户来说，参与储蓄不仅支援了国家建设，也使自己节余的货币资金得以增值或保值，成为一种家庭投资行为。

银行存款有活期和定期之分，很多人在存款时会遇到两难的问题——选择活期好还是定期好呢？首先，我们要清楚什么是活期存款和定期存款。

活期存款是随存随取，没有固定存期，也没有存取金额限制的一种储蓄方式。它具有灵活度大、随时存取的优点，但是利率非常低，2024年六大国有银行活期存款利率只有0.15%。举例来说，如果你存5万元活期存款，一年的利息仅有75元，即使存三年，利息也只有225元左右，而如果你存三年定期存款，年利率2.15%，则会获得约3200元的存款利息。

而定期存款是指储户在存款时约定存期，开户时一次存入或在存期内按期分次存入本金，到期时整笔支取本息或分期、分次支取本金或利息的储蓄方式。定期存款包括整存整取、零存整取和存本取息三种方式。定期存款的优点是利率高于活期存款，所获得的利息比较高，缺点则是没有活期存款灵活。

对于存款时是选择活期还是定期的问题，主要是因人而异，其关键是要看你的资金对流动性要求如何。一般来说，如果你的闲钱较多，又长期不用，那么存定期合适，而且最好分存为几张等额存单，这样就算有急用，也可以解存部分定期，避免损失全部利息，而且存期越长，利率越高，肯定要比活期好。反之，如果你的钱很可能随时会用到，那还是活期比较好。

王先生的家庭条件不错，生活富裕，最近他有一笔闲钱5万元，这笔钱在几年内都用不上。但是存活期利率较低，一年下来利息只有75元，他觉着这样太不划算。因此，他在保证这笔资金在几年内都不会动用的情况下，选择了存期为3年的这种“整存整取”的定存方式，因为这种方式是所有定存里面利息最高的。

24岁的白领小张，月薪7000元，刚工作，没有太多的积蓄，并且不能保证这些积蓄是否不动用。在这种情况下，他选择活期的方式就比较合适。

从上面的事例可以看出，活期存款和定期存款是存款的两种不同方式，没有什么好与坏之分，选择存款的关键是要根据自身的具体情况，选择适合自己的存款方式。

就活期存款而言，目前银行一般约定活期储蓄5元起存，上不封顶，多存不限，由银行发给存折或储蓄卡，储户凭存折或储蓄卡支取。利息于每年6月30日结算一次，前次结算的利息并入本金供下次计息。

通常情况，大家将活期存款用于日常生活开支，灵活方便，适应性强。一般可将月固定收入（如工资）存入活期存折或储蓄卡作为日常待用款项，供日常支取开支（水电、有线电视、天然气、电话等费用从活期账户中代扣代缴支付最为方便）。

由于活期存款利率低，一旦活期账户结余了较为大笔的存款，应及时支取转为定期存款。另外，对于平常有大额款项进出的活期账户，为了让利息生利息，最好于每两月结清一次活期账户，然后再以结清后的本息重新开一本活期存折。这也就是我们上一小节讲过的“利滚利”储蓄法。

相对于活期存款来说，定期存款的起存额要高一些，为50元起存，存期分为三个月、半年、一年、两年、三年和五年6个档次。本金一次性存入，银行发给存单，储户凭存单支取本息。在开户或到期之前可向银行申请办理自动转存或约定转存业务。如果存单未到期需提前支取的，则按活期存款计息。

定期存款多适用长期不用的款项，如孩子的教育基金、养老金等。在高利率时代，存期选择中间档次比较划算一些，即将五年期的存款分解为一年期和两年期，然后滚动轮番存储，如此可利生利而收益效果最好。

在低利率时代，选择存期长一些，可以得到较高的收益。也就是说，能存五年的就不要分段存取，因为低利率情况下的储蓄收益特征是“存期越长，利率越高，收益越好”。

在选择活期还是定期时，不能仅仅考虑哪个获得的报酬更多，要更多地结合自身的经济条件，选择适合自己的方式。

另外，如果定期存款全部提前支取，你的存款只能按照活期的利率计算，与同档次定期存款利率相比，你将损失不少利息收入。因此，最好在存款时做好计划，合理分配活期与定期存款，大额定期存款可适当化整为零，这样既不影响使用，也不减少利息收入。

总之，储蓄是投资资金的源泉。只有养成储蓄的好习惯，积累出“第一桶金”，你才能让钱生出更多的钱来。因此，进行习惯性的合理储蓄，是万里长征的第一步。

今天做明天的交易——期货

期货是投资品种中风险较高的一个工具，人们通常也称它为“贵族游戏”。之所以称它为贵族游戏，是因为这个游戏既可以让你在一夜之间成为百万富翁，也可能让你在一夜之间倾家荡产。期货的魅力就在于高收益和高风险。投资期货机会很多，但风险也很大，绝对是高智商、高回报、高技术含量的投资理财方式。

2008年金融风暴使大宗商品经历了前所未有的振幅，大宗商品价格大多腰斩。在这场空前的风暴洗礼下，期货市场上演着或喜或悲的投资故事。刘女士进入期货市场十多年，金融风暴这波大行情，让她的资金一下子从几十万元暴涨至数百万元。

刘女士专门从事农产品期货市场研究，也从未间断亲自操盘投资。由于多年进行农产品研究，刘女士坚信国家会不惜一切保护农民利益。她预测，国家一定会大量收储大豆，而且会提高收购价。

刘女士从大豆每吨3000元时开始建多头仓单，之后一直“看多”。果然，大豆价格一路攀升，春节过后，刘女士平仓时已经赚了1倍多。

期货由来已久，最初的期货交易是从现货远期交易发展而来的，双方口头承诺在某一时间交收一定数量的商品。随后，随着交易范围的不断扩大，买卖契约逐渐取代了口头承诺。后来这种契约行为日益复杂化，为监督买卖双方按期交货和付款，出现了中间担保人，于是就出现了1571年伦敦开设的世界第一家商品远期合同交易所——皇家交易所。

为适应市场经济的发展，改进运输条件与储存条件，82位商人在1848年发起组织了芝加哥期货交易所，为会员提供信息。1851年芝加哥期货交易所引进远期合同，1865年芝加哥谷物交易所推出了一种被称为“期货合约”的标准化协议，取代原先沿用的远期合同。随着这种标准化合约的使用，合约被允许转手买卖，保证金制度也逐步完善，于是就形成了一种专门从事买卖标准化合约的期货市场，期货也由此成为投资者的一种投资理财工具。

期货的英文为“Futures”，是由“未来”一词演绎而来，其含义是：交易双方不必在买卖发生的初期就交收实货，而是共同约定在未来的某一时刻交收实货，因此中文就称其为“期货”。期货其实是期货合约的简称，是由期货交易所统一制定的一种供投资者买卖的投资工具。这个合约规定了在未来一个特定时间和地点，参与该合约交易的人要交割一定数量的标的物。所谓标的物，是期货合约交易的基础资产，是交割的依据或对象。标的物可以是某种商品，如铜或大豆，也可以是某个金融工具，如外汇、债券，还可以是某个金融指标，如三个月同业拆借利率或股票价格指数等。标的物的价格变动直接影响期货合约的价格变动。

下面举个生活中的小例子以帮助大家理解。比如，你去蛋糕店买蛋糕，现买现付就属于现货交易；若是约定两个月后过生日时再付款提货，则属于远期交易。期货交易的产生就是源于现货交易和远期交易，并在远期交易的基础上发展而形成的。期货合约，实际上也是一种标准化的远期合约。也就是说，合约中商品（合约标的物）种类、质量、数量和交割时间、地点都是事先规定好的。这样，买卖双方就不会因为商品的质量、数量和交货地点、时间等问题产生争议了。

1. 期货的种类

期货交易的品种主要有两大类：商品期货和金融期货。

（1）商品期货。商品期货是以实物商品，如大豆、大米、玉米、小麦、铜、铝等作为期货品种的期货。商品期货历史悠久、种类繁多，主要包括农副产品、金属产品、能源产品等三大类。具体而言，农副产品约20种，包括玉米、大豆、小麦、稻谷、燕麦、大麦、黑麦、猪腩、活猪、活牛、小牛、大豆粉、大豆油、可可、咖啡、棉花、羊毛、糖、橙汁、菜籽油等，其中大豆、玉米、小麦被称为三大农产品期货；金属产品9种，包括金、银、铜、铝、铅、锌、镍、钯、铂；化工产品5种，有原油、取暖用油、无铅普通汽油、丙烷、天然橡胶等。

（2）金融期货。金融期货是以金融产品，如汇率、利率、股票指数等作为期货品种的期货。金融期货大致包括外汇（汇率）期货、利率期货和股票指数期货三种。

外汇期货是指协议双方同意在未来某一时期，根据约定价格——汇率，买卖一定标准数量的某种外汇的可转让的标准化协议。外汇期货包括以下币种：日元、英镑、欧元、瑞士法郎、加拿大元、美元等。

利率期货是指协议双方同意在约定的将来某个日期，按约定条件买卖一定数量的某种长短期信用工具的可转让的标准化协议。利率期货交易的对象有长期国库券、政府住宅抵押证券、中期国债、短期国债等。

股票指数期货是指协议双方同意在将来某一时期，按约定的价格买卖股票指数的可转让的标准化协议。最具代表性的股票指数有美国的道·琼斯股价指数和标准普尔500指数、英国《金融时报》指数、香港的恒生指数、日本的日经指数等。

2. 期货的特征

期货交易的最终目的并不是商品所有权的转移，而是通过买卖期货合约，回避现货价格风险。期货交易主要有以下特征：

第一，期货合约是由期货交易所制定的、在期货交易所内进行交易的合约。

第二，期货合约中的各项条款，如商品数量、商品质量、保证金比率、交割地点、交割方式以及交易方式等都是标准化的，合约中只有价格一项是通过市场竞价交易形成的自由价格。

第三，期货合约的实物交割率低，合约的了结并不一定必须履行实际交货的义务。买卖期货合约者在规定的交割日前的任何时候都可通过数量相同、方向相反的交易将持有的合约相互抵消，无须再履行实际交货的义务。

第四，期货实行保证金制度，即交易者不需付出与合约金额相等的全额货款，只要3%～5%的履约保证金即可。

第五，期货交易双方提供结算交割服务和履约担保，实行严格的结算交割制度，违约的风险很小。

此外，期货与美元贬值、国内和国际的经济发展情况都有关系。因此，期货的投资者只要密切关注形势的发展，做好对市场的分析并练习自己投资的期货品种，掌握合适的赢利目标，把握好买卖时机，就可以带来丰厚的回报。

3. 期货投资的方法

期货投资领域没有保证获利的方法，但是我们运用合理的交易策略，则可增加赚钱的概率。下面介绍一些期货投资的经验。

（1）寻找适合的期货公司。投资者如果想加入期货市场，首先要做的就是找到一家合乎规定的期货公司来开户，而这种期货公司必须符合以下4个条件。

第一，具有中国证监会许可的期货经纪业务资格，且具备中国金融期货交易所会员资格。

第二，具备良好的商业信誉。投资者可以调查其是否具有好的市场口碑，是否加入保证金封闭运行系统等。

第三，具有优良的硬件和软件设施，比如，是否开通自助委托系统，是否开通网上交易，交易系统性能如何等。

第四，具有专业的服务水准和合理的手续费程式，如是否提供专业的投资分析，所收取的手续费是否合理等。

（2）学会风险控制。期货投资者在市场中进行的都是投机交易。所谓投机交易，就是投资者根据自己对期货合约价格变动的判断，在价格变化中进行买或卖的交易操作，从而获得价格差。而从事投机的人，也一并承担了套期保值者所转移出去的风险。所以，投资者在进行交易的过程中，应当同时注重风险管理。投机交易对知识、经验以及风险管理能力要求都较高，因此，一般投资者应该谨慎行事。

（3）懂得资金管理。交易者在期市中要懂得如何进行资金管理，它事关交易者在期货市场的生死存亡。经过经验者的总结，这里有两个要点需要注意。

第一，总投资额应限制在全部资本的50%以内，剩下的一半是储备，用来保证在交易不顺手的时候或临时支用时有备无患。

第二，每次交易的最大总亏损金额应限制在总资本的5%以内。这个5%是指投资者在交易失败的情况下，将承受的最大亏损。

（4）分散投资与集中投资。分散投资市场被用来限制风险，但是如果投资过于分散，那么可能为数不多的几笔盈利将无法弥补更多的亏损交易。因此，投资者应当找到一个很好的平衡点。有些投资者将资金集中于少数几个市场，只要确保这几个市场处于良好的状态，就可以获利。一般而言，投资者选择的几个市场之间，相关性越小，分散投资的作用就越好。

（5）设置止损。目前，保护性止损措施在国内的期货交易中不能直接使用。但是，交易者必须为自己的持仓设置保护性止损指令，当期货价格下跌，触及自己设定的止损价格，就要通过反向的限价（平仓）指令来完成。

止损指令的设置非常重要，一方面，投资者希望止损指令充分地接近，这样，一旦交易失败，投资者的损失也尽可能地少；另一方面，如果止损指令过于接近，那面对市场发生的短暂摇摆，就可能轻易触及止损，引发不必要的平仓止损行为。因此，投资者要多分析价格图表上的技术性因素和资金管理方面的要求，考虑市场的波动性因素，确定自己的止损价位。

炒股不赚不赔的丘吉尔——股票

1929年，“解甲归田”的丘吉尔离开财政大臣的位子之后，带着家人开始了一场富有生趣的旅行。他们分别来到了加拿大和美国。9月，进入美国的丘吉尔受到了美国前战时工业局局长、金融家伯纳德·巴鲁克的盛情款待。宴会过后，巴鲁克陪同丘吉尔来到华尔街证券交易所参观。不想，当时已经55岁的丘吉尔，突然颇有激情地决定开户进场。在他看来，炒股赚钱实在是一桩小事。

本来把炒股作为小菜一碟看待的丘吉尔，进场后没多久，第一笔交易便被套住了。丘吉尔不禁觉得很丢面子。于是，他又瞄准了一只很有希望的英国股票，期望反败为胜，为自己“涨涨威风”。但不凑巧的是，股价一路下跌，很快他又被套住了。如此反复几次，丘吉尔一笔又一笔的交易都陷入了泥沼。下午收市的时候，面对账户的大幅度亏损，感到很没面子的丘吉尔一直在和巴鲁克抱怨。

然而，就在他绝望之际，巴鲁克却递给他一本账簿。上面清楚地记录着另一个“丘吉尔”的“辉煌战绩”。原来，巴鲁克早就预料到丘吉尔这位在政坛上一路畅通的老手，其聪明才智在股市中未必有用武之地，初涉股市，他很可能会陷入损兵折将、丢盔弃甲的窘境。于是，他提前为丘吉尔准备了一根救命稻草，吩咐手下用丘吉尔的名字开了另外一个账户，丘吉尔买什么，另一个“丘吉尔”就卖什么，丘吉尔卖什么，另一个“丘吉尔”就买什么。

读了丘吉尔的故事，我们首先来具体了解一下股票的基本概念。

股票是一种由股份有限公司签发的用以证明股东所持股份的凭证。它表明股票的持有者对股份公司的部分资本拥有所有权。由于股票包含有经济利益，且可以上市流通转让，所以是一种有价证券。

1. 股票的基本特征

股票具有以下5个特点。

（1）不可偿还性。股票是一种无偿还期限的有价证券。投资者认购股票后，就不能再要求退股，只能到二级市场卖给第三者。股票的转让只意味着公司股东的改变，并不减少公司资本。从期限上看，只要公司存在，它所发行的股票就存在，股票的期限等于公司存续的期限。

（2）参与性。股东有权出席股东大会，选举公司董事会，参与公司重大决策。股票持有者的投资意志和享有的经济利益，通常是通过行使股东参与权来实现的。股东参与公司决策的权力大小，取决于其所持有的股份的多少。从实践中看，只要股东持有的股票数量达到左右决策结果所需的实际多数时，就能掌握公司的决策控制权。

（3）收益性。股东凭其持有的股票，有权从公司领取股息或红利，获取投资的收益。股息或红利的大小，主要取决于公司的盈利水平和盈利分配政策。股票的收益性，还表现在股票投资者可以获得价差收入或实现资产保值增值。通过低价买入和高价卖出股票，投资者可以赚取价差利润。以美国可口可乐公司股票为例，如果在1984年年底投资1000美元买入该公司股票，到1994年7月便能以11654美元的市场价格卖出，赚取10倍多的利润。在通货膨胀时，股票价格会随着公司原有资产重置价格上升而上涨，从而避免了资产贬值。股票通常被视为在高通货膨胀期间可优先选择的投资对象。

（4）流通性。股票的流通性是指股票在不同投资者之间的可交易性。流通性通常以可流通的股票数量、股票成交量以及股价对交易量的敏感程度来衡量。可流通股数越多，成交量越大，价格对成交量越不敏感（价格不会随着成交量一同变化），股票的流通性就越好，反之就越差。股票的流通，使投资者可以在市场上卖出所持有的股票，取得现金。通过股票的流通和股价的变动，可以看出人们对于相关行业和上市公司的发展前景和盈利潜力的判断。那些在流通市场上吸引大量投资者、股价不断上涨的行业和公司，可以通过增发股票，不断吸收大量资本进入生产经营活动，收到优化资源配置的效果。

（5）价格波动性和风险性。股票在交易市场上作为交易对象，同商品一样，有自己的市场行情和市场价格。由于股票价格要受到诸如公司经营状况、供求关系、银行利率、大众心理等多种因素的影响，其波动有很大的不确定性。正是这种不确定性，有可能使股票投资者遭受损失。价格波动的不确定性越大，投资风险也越大。因此，股票是一种高风险的金融产品。例如，称雄于世界计算机产业的国际商用机器公司（IBM），当其业绩不凡时，每股价格曾高达170美元，但在其地位遭到挑战，出现经营失策而招致亏损时，股价又下跌到40美元。如果不合时机地在高价位买进该股，就会导致严重损失。

2. 股票的构成

股票分为面值、市值、股权、股息和红利。

面值：股票以股份公司的资本总额化分成若干股，每一股代表的资本额就是面值。

市值：股票上市后在市场上的价格，有发行价格和交易买卖价格之分。

股权：股票拥有者按股额比例行使的权利和义务。

股息：股份公司按股额的比例支付给股东的收入。

红利：股份公司经营获利后，每年按股额分给股东的经济利益。

3. 股票的分类

按享受投资权益的不同，我国上市公司的股票有A股、B股、H股、N股和S股等的区分。这一区分主要依据股票的上市地点和所面对的投资者而定。

（1）A股——人民币普通股票。A股的正式名称是人民币普通股票。它是由我国境内的公司发行，供境内机构、组织或个人（不含台、港、澳投资者）以人民币认购和交易的普通股股票。

（2）B股——人民币特种股票。B股的正式名称是人民币特种股票。它是以人民币标明面值，以外币认购和买卖，在境内（上海、深圳）证券交易所上市交易的。在深圳交易所上市交易的B股按港元单位计价；在上海交易所上市的B股按美元单位计价。

2001年，我国开放境内个人居民可以投资B股。B股公司的注册地和上市地都在境内，只不过投资者在境外或在中国香港、中国澳门及中国台湾。

（3）H股、N股和S股。H股，即注册地在内地，上市地在香港的外资股。香港的英文是“Hong Kong”，取其字首，在港上市外资股就叫作H股。依此类推，纽约（New York）的第一个英文字母是N，新加坡（Singapore）的第一个英文字母是S，纽约和新加坡上市的股票就分别叫作N股和S股。

4. 投资股票

进行股票投资首先要对股票进行分析，一般包括基本面分析和技术分析。基本面分析是指对企业的宏观经济环境以及企业自身的经营状况进行分析，判断哪些因素会影响股票价格变动，以及会发生怎样的变动；技术分析则是希望通过股票价格的历史波动情况，推断出未来的股价走势。基本面分析是股票分析的主流，所以应该以基本面分析为主，辅之以技术分析。

具体来说，投资者可通过以下两个方面去选择好股票：

第一，看企业的竞争优势，其中又分为资源优势和品牌优势。资源就是与人类社会发展有关的、能被利用来产生使用价值并影响劳动生产率的诸要素。很多公司都拥有各自的资源。资源的关键在于稀缺，按照稀缺的程度可以分成不同的等级。例如，离开了茅台镇就生产不了茅台酒，那么茅台酒厂资源优势就具有独占性质。有品牌的企业很多，有了品牌并不等于有了独一无二的优势。品牌优势的独一无二，简单地说就是要强大，强大到行业第一。茅台号称“国酒”，同仁堂号称“国药”，耐克公司作为世界最好的体育用品公司和运动产品的标识，已深深为全世界特别是年轻一代消费者所喜爱。这种优势也是“股神”巴菲特的最爱，又叫作“消费独占”。这种品牌优势会给企业带来巨额的利润。

第二，看股价的高低。股价是选择股票的重要依据。如果一个企业效益非常好，但是它的股价已经被炒得很高了，这就需要投资者等待，等到股价降到合理的位置再买。那么，投资者如何判断股价的高低呢？最简单的方法就是看它的市盈率。股票的市盈率越低越好，一般只要不超过市场的平均市盈率就行。但是，判断股价的高低也不能简单地光看市盈率。因为每个上市公司都有当年预期的市盈率，对明年进行估值，但等估到了，各种报告一出来，股价也就到位了，基本也符合价值了，甚至高估了，这时候，你再投资就意义不大。所以，投资者在市盈率的基础上，还要从产业资本的角度去看待价值，有资源、有潜力的股票能给投资者带来超额收益。

通过以上两个方面的考察，如果发现这只股票具有升值的潜力，那就大胆地买入。这样，你选股成功的概率就非常大。

最省心的理财方式——基金

老刘是一名普通工人。在和同事闲聊中，他得知基金是一种由专家帮助理财的产品。于是老刘拿出了2万元钱，准备到基市里“淘”一把。

在基金经理的推荐下，老刘选择了一只业绩好、口碑好、价格好的名牌基金，那基金果然是随着这一年的大牛市一路上涨，老刘不禁畅想未来："按照这么个涨法，过个十几年，我也能成为百万富翁了啊！"谁知好景不长，老刘的如意算盘没打多久，美国就爆发了次贷危机，他刚弄明白次贷是怎么回事时，股市就开始一路狂跌，老刘在基金上的利润转眼间缩水不少。但令老刘欣慰的是，与那些股民比起来，自己的损失还是比较小的。

老刘的投资何以"大赚小赔"？因为基金是由专业的投资专家——基金经理管理，他们拥有专业化的分析研究队伍和雄厚的实力，一般采取分散投资，所以基金比股票的风险小，收益也更为稳定。

基金投资是一种利益共享、风险共担的集合证券投资方式。即通过发行基金证券，集中投资者的资金，交由基金托管人托管，由基金管理人管理，主要用于投资股票、债券等金融工具的投资，以获得投资收益和资本增值。

基金是交给基金经理人打理的，无须自己花费时间和精力去管理，只要基金经理管理有方，投资人到期就可获得收益。这种投资方式，自然是适合大多数人的。虽然基金投资有人妥善地替我们打理钱财，但当我们接触自己没有接触过的事物时，首先需要对该事物有一个大概的了解。对于刚刚入门基金的新手来说，我们需要了解基金的相关知识，做到心中有数。

1. 基金的种类

基金是一种间接的证券投资方式。基金管理公司通过发行基金单位，集中投资者的资金，由基金托管人（具有资格的银行）托管，由基金管理人管理和运用资金，从事股票、债券等金融工具投资，然后共担投资风险、分享收益。

根据不同标准，可以将证券投资基金划分为不同的种类。

（1）按是否可以赎回分类。基金按是否可以赎回，分为开放式基金和封闭式基金。

开放式基金是指基金份额不固定，基金份额可以在基金合同约定的时间和场所进行申购或者赎回的一种基金运作方式。封闭式基金是指基金份额在基金合同期限内固定不变，基金份额可以在依法设立的证券交易所交易，但基金份额持有人不得申请赎回的一种基金运作方式。

与封闭式基金相比，开放式基金具有发行数量没有限制、买卖价格以资产净值为准、在柜台上买卖和风险相对较小等特点，特别适合于中小投资者进行投资。

（2）按组织形态分类。基金按组织形态的不同，可分为公司型基金和契约型基金。

公司型基金是具有共同投资目标的投资者依据公司法组成以营利为目的，投资于特定对象如有价证券、货币的股份制投资公司。这种基金主要是通过发行股份的方式筹集基金，是具有法人资格的经济实体。

契约型基金是基于一定的信托契约而成立的基金，一般由基金管理公司、基金保管机构和投资者三方通过信托投资契约而建立。基金管理公司依照契约运用信托财产进行投资，基金保管机构依照契约负责保管信托财产，投资者依照契约享受投资收益。

（3）按获利目标分类。基金按获利目标可分为成长型基金、收益型基金和平衡型基金。

成长型基金是以追求长期资本利润为主要目标。为达到增值的目的，这类基金通常以经营业绩、赢利市场前景较好且表现活跃的股票为主要投资目标。由于追求资本的最大得利，所以，这类基金每年的收益分配都不高，有些积极成长型基金甚至都不配息，而是将盈利计入本金再投资，追求资本的最大增值。

收益型基金强调的是追求稳定的收入，因此投资目标以能带来固定收入的有价证券为主，主要以绩优股、债券、可转让大额定期存单等稳定收益的证券作为投资对象。收益型基金会把所得的利息、红利都分配给投资者，因此，此类基金最大的优点是损失本金的风险较低，投资报酬率高于银行定期存款。

平衡型基金介于成长型基金和收益型基金之间，既追求长期资本增值，又追求当期收入。它把资金分散投资于股票及债券，其投资目标是确保投资者的本金、当前收入以及资本与收入的长期增长。

（4）按投资对象分类。基金按投资对象的不同，可分为股票基金、债券基金、货币市场基金和混合基金。

股票基金是以股票为投资对象的投资基金，是投资基金的主要种类。股票基金的主要功能是将大众投资者的小额投资集中为大额资金。投资于不同的股票组合，是股票市场的主要机构投资者。

债券型基金，顾名思义，是以债券为主要投资标的的共同基金，除了债券之外，尚可投资于金融债券、债券附买回、定期存单、短期票券等，绝大多数采用开放式基金发行，并采取不分配收益方式，能够合法节税。目前，国内大部分债券型基金属性偏向于收益型债券基金，以获取稳定的利息为主，因此，收益普遍稳定增长。

货币市场基金是指投资于货币市场的短期有价证券的一种基金。该基金资产主要投资于短期货币工具如国库券、商业票据、银行定期存单、政府短期债券、企业债券等短期有价证券。

混合基金是指同时投资于股票、债券和货币市场等工具，没有明确的投资方向的基金。其风险低于股票基金，预期收益则高于债券基金。它为投资者提供了一种在不同资产之间进行分散投资的工具，比较适合较为保守的投资者。

除此之外，基金有专门投资于房地产的房地产基金，专门投资于期货、期权的期货和期权基金，专门投资于黄金市场的黄金基金，专门投资于实业的产业基金。这些基金对初涉基金投资的人来说投资机会不多，应先熟练掌握和操作上面几种最常见的基金后再考虑。

2. 投资基金的方法

（1）考虑个人的风险承受力。选择适合的基金是投资的关键。投资者在选择资金的时候，必须考虑被选资金的投资目标是否与自己的财务目标一致，自己能承担多少风险。

不同类型的基金，风险也各不相同，其中，以股票型基金的风险最高，混合型基金和债券基金其次，而货币市场基金和保本基金的风险最小。如果投资者的风险承受能力较低，可以选择货币型基金；如果投资者抗风险的能力较强，又想收益更大，那么就可以选择股票型的基金。

如果你是没有家庭负担的青年，也有一定的经济收入，那么，你可以选择股票型基金或者偏股型基金；如果你已步入中年，有比较稳定的收入，你可以选择平衡型基金。在分析自己的投资目标、风险承受能力、投资经验和经济能力的基础上，最好选择多样化的投资组合，将风险降低到最小；老年人的承受能力较低，投资是以稳健、安全、保值为目的，所以可以选择部分平衡型基金或债券型基金。

如果投资的时间在5年以上，可以选择股票型基金，因为它有较高的收益率。另外，保本型资金也适合长期投资，因为这类基金过了期限就能绝对保本；如果投资的时间在2—5年，那么可以选择股票型基金加上债券型基金或平衡型基金；如果投资的时间在2年以下，那么最好选择债券型基金和货币市场基金。这两类基金的风险较低，收益也比较稳定，可以免去一定的风险。

（2）精选基金管理公司。市场上有多少家基金公司就有多少种基金的“品牌”，投资者在进行投资之前要做好功课，对这些基金公司进行分析研究。

基金公司所管理的规模、成立时间、业内评价以及旗下基金的业绩状况等都是投资者应该关注的重点。基金公司的品牌也是在时间的历练下闪闪发光的。

一般来说，好的基金公司有两种。一种是规模大、信誉好的“航空母舰”，公司实力雄厚、管理机制完善、产品线完备，并且有良好的业绩支撑，这类公司适合愿意承受低风险的稳健型投资者；另一种是发展潜力巨大的“潜水艇”式的基金公司，这些公司可能成立时间不长，但业绩不俗，并且管理机制灵活，精英汇集，这适合愿意付出一定风险获取高额收益的投资者。

（3）精选基金经理。投资者关注一只基金最重要的是看该基金的管理人的投资技巧和绝招，有些基金经理稳中求进，进行价值投资；有些基金经理追求超额收益，寻找价值反转型股票；有些基金经理对行业研究深刻而个股时机不准……投资者在进行选择前需要鉴别，看清楚每只基金的内涵，寻找最适合自己“风格”的基金。选对基金经理，这将是获胜的基础，不少“明星级”基金经理会让你有想不到的收益。

（4）货比三家省费用。对于一个精明的投资者来说，永远的货比三家才是购物的“王道”，选择基金也是一样。投资基金要付出一笔不小的费用，如何选择性价比最高的基金呢？目前情况下，不少基金公司和银行都推出了基金申购费用的优惠，特别是网上购买基金一般都可以享受到4～6折的优惠。

投资者可以从基金公司的网站上直接购买基金，这样不仅费用降低，而且转换基金、更改分红方式等方面也可以直接在网上进行，省时省力。但不建议只因为某只基金的折扣高就投资它，“好货不便宜”的道理相信投资者也不陌生，因此投资者可以选择出一些有投资价值的基金后，再比较其费用是否划算。

另外，投资者要保持耐心，基金的升值不会很快，并且净值变动是很正常的，最好是进行长线投资。

比存款要合算的投资方法——债券

债券是一种金融契约，是政府、金融机构、工商企业等直接向社会借债筹措资金时，向投资者发行，同时承诺按一定利率支付利息并按约定条件偿还本金的债权债务凭证。债券的本质是债的证明书，具有法律效力。债券购买者或投资者与发行者之间是一种债权债务关系，债券发行人即债务人，投资者（债券购买者）即债权人。

17世纪，英国政府在议会的支持下，开始发行以国家税收为还本付息保证的政府债券。由于这种债券四周镶有金边，故被称作“金边债券”。当然，这种债券之所以被称作“金边债券”，还因为这种债券的信誉度很高，老百姓基本上不用担心收不回本息。后来，金边债券泛指由中央政府发行的债券，即国债。在美国，经穆迪公司、标准普尔公司等权威资信评级机构评定为AAA

级的最高等级债券，也被称为“金边债券”。

我国历史上发行的国债主要品种有：国库券和国家债券。其中，国库券自1981年后基本上每年都发行，主要对企业、个人等；国家债券曾经发行包括国家重点建设债券、国家建设债券、财政债券、特种债券、保值债券、基本建设债券，这些债券大多对银行、非银行金融机构、企业、基金等定向发行，部分也对个人投资者发行。

向个人发行的国库券利率基本上根据银行利率制定，一般比银行同期存款利率高1～2个百分点。在通货膨胀率较高时，国库券也采用保值办法。

债券包含了以下四层含义：债券的发行人（政府、金融机构、企业等机构）是资金的借入者；购买债券的投资者是资金的借出者；发行人（借入者）需要在一定时期还本付息；债券是债的证明书，具有法律效力。

债券投资者与发行人之间是一种债权债务关系，债券发行人即债务人，投资者（或债券持有人）即债权人。

1. 投资债券的优势

在众多投资工具中，债券具有极大的吸引力，投资债券主要有以下5个方面的优势。

（1）安全性高。国债是国家为经济建设筹集资金而发行的，以国家税收为保证，安全可靠。它到期按面额还本，债券利率波动的幅度、速度比较和缓，与其他理财工具如股票、外汇、黄金等相比风险最低，适合保守型的投资者。

（2）操作弹性大。对投资者来说，手中拥有债券，当利率看跌时可坐享债券价格上涨的差价；当利率上扬时，可将手上票面利率较低的债券出售，再买进最新发行、票面利率较高的债券。若利率没有变动，仍有利息收入。

（3）扩张信用的能力强。由于国债安全性高，投资者用其到银行进行质押贷款，其信用度远高于股票等高风险性金融资产。投资者可通过此方式，不断扩张信用，从事更大的投资。

（4）变现性高。投资者若有不时之需，可以直接进入市场进行交易，买卖自由，变现性颇高。

（5）可充作资金调度的工具。当投资者短期需要资金周转时，可用附买回（指投资人与交易商进行交易时即约定一定利率与一定承作天期，到期时，交易商即卖方再以原金额加上事先约定的利率买回）的方式，将债券暂时卖给交易商，取得资金。一般交易商要求的利率水准比银行低，且立即可拿到资金，不像银行的手续那么多。

基于上述种种优势，许多投资者都把目光聚集到债券身上，并且公认其为家庭投资理财的首选。但是，债券市场虽不像股票市场那样波动频繁，仍存在一些风险。

2. 债券投资的策略与技巧

债券投资策略与技巧很多，不同的投资者有不同的见地，这里介绍8种一般原理性的投资策略与技巧，供参考使用。

（1）利用时间差。一般债券发行都有一个发行期，如半个月的时间。如在此段时间内都可买进，最好在最后一天购买；同样，在到期兑付时也有一个兑付期，最好在兑付的第一天去兑现。这样，可减少资金占用的时间，相对提高债券投资的收益率。

（2）利用市场差和地域差。通过上海证券交易所和深圳证券交易所进行交易的同品种国债，它们之间是有价差的。利用两个市场之间的价差，有可能赚取差价。同时，可利用各地区之间的地域差，进行贩卖，也可赚取差价。

（3）卖旧换新。在新国债发行时，提前卖出旧国债，再连本带利买入新国债，所得收益可能比旧国债到期兑付的收益高。这种方式有个条件：必须比较卖出前后的利率高低，计算是否合算。

（4）利用好多头与空头。多头看涨是买方先买后卖，空头看跌是卖方先卖后买。多头买进债券以后，期望它涨价之后卖出去从中获利；空头卖出债券，等待债券价格回落之时将其买回。但是，市场上的形势是瞬息万变的，多头和空头未必能获利。例如，甲先用10万元买进某种债券，之后价格却不断下跌，他认为价格上涨无望，为了避免损失，就立即将这10万元买进的债券卖出，同时将老底卖出，这样他就由多头变成了空头。事实上，这种多头空头互换，正是债券市场活跃的标志之一。

（5）买空卖空。买空和卖空都是证券操作者利用债券价格的涨落变动的差价，在很短的时间内买卖同一种债券，从中赚取价差的行为。例如，甲在某证券公司开设户头后，他预计行情可能会涨，于是在开盘后就买进某种债券，其后，该债券果然上涨，涨到一定的程度，他卖出同数目的债券，在这一进一出之间，获得进出之间不同价格的差额，这就是买空和卖空。又如，乙认为行情会下跌，他就先卖出某种债券，其后，该债券价果然下跌，他又买回同数量的该债券，这样进出之间，同样得到了利润，这便是卖空和买空。

这两种情形，都因单位价差幅度小，变化速度快，所以具有很大的风险，所以不仅事前要仔细研究行情的起落，在交易过程中还要有及时准确的信息，并且要精通债券的操作变化，行动还要准确和快速。

（6）等级投资计划法。等级投资计划法是由股票的投资技巧转化而来的，方法是投资者事先按照一个固定的计算方法和公式计算出买入和卖出国债的价位，然后再根据计算结果进行操作，它是公式投资计划法中比较简单的一种。

其操作要领是在低价时买进、高价时卖出，即我们通常所说的“低进高出”。当你决定选定一种国债作为投资的对象之后，就要将其变动的一定幅度作为等级，这个幅度可以是一个确定的常数或百分比。每当国债价格下降一个等级时，就买入一定数量的国债；每当国债价格上升一个等级时，就卖出一定数量的国债。在运用等级投资法时，一定要注意国债价格的总体走势，并且，国债价格升降幅度即买卖等级的间隔要恰当。

（7）逐次等额买进摊平法。逐次等额买进摊平法，是指在确定投资某种国债以后，需要选择一个合适的投资时期，在这一段时期中定期定量地购买国债，不论这一时期该国债价格如何波动都坚持持续地进行购买，这样可以使投资者的每百元平均成本低于平均价格。在使用这种方法之时，一定要注意每次投资之时要科学地控制好所投入资金的数量，确保投资计划逐次等额地进行。

（8）利用金字塔式操作法。金字塔式操作法实质上是一种倍数买进摊平法。当第一次买进国债后，如遇到价格下跌的情况时可以加倍买进，以后在国债价格下跌过程中，每一次购买数量比前一次增加上一定的比例，这样就成倍地增加了低价购入的国债占购入国债总数的比重，降低了平均总成本。由于这种买入方法的形势呈正三角形，所以，被人们形象地称为“金字塔式操作法”。运用这种技巧买入国债之时，需要对资金做出合理的安排，一定要避免出现最初投入资金过多，导致今后的投资无法加倍摊平的现象。

卖出国债也可采用这种操作法，当国债价格上涨后，每次加倍抛出手中的国债，随着国债价格的上升，卖出的国债数额也就会越大，以保证高价卖出的国债在卖出国债总额中占较大比重而获得较大收益。

给未来买一份保障——保险

这个世界充满了灾难，而在灾难面前，保险尽管不能解决所有问题，但至少它是解决问题的一种方法，并且是一种比较好的方法。

著名学者胡适博士谈及保险时曾经这样说过："保险的意义，只是今日作明日的准备，生时作死时的准备，父母作儿女的准备，儿女幼小时作儿女长大时的准备，如此而已。今天预备明天，这是真稳健；生时预备死时，这是真旷达；父母预备儿女，这是真慈爱。能做到这三步的人，才能算作是现代人。"

现代社会是一个异彩纷呈的多元化社会，每个人在享受到它的繁华富饶的同时，又深深感受到个人前途的不确定性和各种风险的存在，买保险已经成为很多人必不可少的选择。

邓慧娟从事化妆品销售工作，虽然收入在同行中比较高，但经常出差，生活很不规律，每天十分辛苦。由于担心繁忙的工作给身体健康带来损害，她在理财师的建议下选购了一套包括重大疾病和住院医疗的健康保险。

这样一来，尽管每年要交近万元的保费，表面看起来有些多，但这套健康险组合的保障范围广，又兼具生命和健康保障，邓慧娟再也不用担心生病后无力支付高昂的医疗费用了。

意外是时有发生的，意外又往往是无法预知的。在我们日常生活中，许多人都因为缺乏对风险的防范意识，最后给自己和家庭酿成了悲剧。而在这方面具有良好意识的人则会最大限度地转嫁或减轻自己或家庭因意外造成的经济损失。

人生充满了不可预知的风险。投资保险，是未雨绸缪，是对风险的一种管理方式，是为我们可能出现的厄运提前做的善后处理。

在第二次世界大战的某一天夜里，德军对莫斯科进行了又一次空袭。在空袭避难所里，意外地出现了一位著名的统计学教授。要知道，这位统计学教授此前从来没有在空袭避难所里出现过，因为他根据莫斯科有700万居民这一事实进行概率计算后发现，炸弹击中自己的可能性很小。因此，对于他的出现，很多人都觉得很奇怪，便问他是什么原因使他改变了看法。

统计学教授的回答是："莫斯科有700万居民，却只有一头大象。可是，德军却在昨天晚上炸死了那头大象。"

就像上述故事中描述的一样，意外事故的发生对个体而言与概率无关，谁也不知道什么时候会光顾到自己的头上。因此，买保险就是对未来提供一种保障，减小某些意外事故发生后给个人、家庭和社会带来的影响。

从经济的角度看，保险是分摊意外事故损失的一种财务安排，通过保险将少数不幸的被保险人的损失由包括受损者在内的所有被保险人分摊；从社会的角度看，保险是社会经济保障制度的重要组成部分，是社会生产和社会生活“精巧的稳定器”；从风险管理角度看，保险是风险管理的一种方法，起到分散风险、消化损失的作用。

保险永远没有最好的，只有适合自己的。在购买保险之前，必须知道一些重要的小常识，这些信息会帮助你合理有效地规划你的保险理财计划。

1. 明确投保目的，选择合适险种

在准备投保之前，投保者应先明确自己的投保目的，有了明确的目的才能选择合适的险种。是财产保险还是人身保险？是人寿保险还是意外伤害保险？为了自己退休后生活有保障，就应选择个人养老保险；为了将来子女受到更好的教育，就要选择少儿保险。总之，要避免因选错险种买了保险却得不到预期保障的情况出现。

2. 保险购买需尽早

很多人推迟购买保险的原因是不想支付保费，这其实是一种误区。保险专家建议，购买健康保险需要尽早进行。因为投保人的年龄越小，其支付的保费也就越低。而随着年龄的增大，发病的概率也就增加了，保费也就相应地提高了。在购买健康保险前，保险公司还会要求一些年龄较大的投保人进行体检，投保人的身体越健康，那么要缴纳的保费也就越便宜。

3. 选择好的保险公司

如果投保人需要的保险品种在各家保险公司的区别不大时，

尽量选择一家保险公司进行投保。这样不仅会减少投保人重新花费在挑选保险公司上的时间和精力，还能获得保险公司提供的保费优惠，因为很多保险公司对于自己的固定老客户都会给予一定的保费优惠。

4. 对保险行业动态需要多加了解和关注

在你选择一份保险前，一定要进行仔细的调查。需要投保人在互联网、电视、报纸等媒体上多了解保险行业的动态，包括相关的法律法规、金融动态、国家政策和利率变化等消息，只有这样才能更好地为自己制定一份最为适合的保险计划。

5. 注意利用保险公司的优惠条件

投保人在特殊情况下需要认真地思考保险公司提供的优惠条件，尽量利用保险公司提供的优惠，做出最有利于自己的选择。如车险，保单中常常会有类似的规定：投保人当年度没有向保险公司索赔，可以在下一年度续保时享受一定的保费打折优惠。因此，当投保人在当年发生保险事件之时就需要考虑，究竟是不向保险公司索赔享受保险公司提供的保费打折优惠合算，还是向保险公司索赔合算。

6. 合理组合险种

把保险项目进行合理组合，并注意利用附加险。许多保种除了主险外，都带了各种附加险。当您购买了主险后，如果有需要，可顺便购买其附加险。这样的好处是：其一，避免重复购买多项保险；其二，附加险的保费相对单独保险的保费一般较低，可节省保费。所以，综合考虑各保险项目的合理组合，既可得到全面保障，又可有效利用资金。

7. 选择最经济的保险费支付方式

很多保险产品在支付保费的方式上都很灵活，允许投保人趸缴，也允许投保人分期缴纳。面对这两种选择，投保人要从自身的实际情况出发。我们不妨来做出这样一个假设，假设投保人投保某个保险产品，其预期投资收益率为3%—5%，而银行存款的收益率仅为2%，投保人就应选择趸缴。也可以对缴费方式进行简单的比较，选择对自己最有利的方式。例如，同一张保单，既可以趸缴1万元，也可以每年缴2200元，5年分期缴清。第二种方法5年后多缴了1000元，这相当于平均每年大约5%的收益率，如果投保人有收益率可以超过5%的投资，那么可以选择分期缴费，否则就应该趸缴。

为财富筑个“避风港”——黄金

民国时期的著名画家吴徵收入很多，但生活俭朴。一次同为画家的陈巨来问他：你如此节俭，有多少钞票？吴说：我每隔一个时期，必以钞票买黄金收藏，所以钞票最多只有500元。陈又问他：现在有多少金子？吴答：画家哪能与做官的比，我画了几十年画了，至今只有130余斤而已。陈问：放在银行吗？吴笑着说：那要付保险费的。说完，他指着自己睡的大床说：“你看，这床四只脚特别粗大，是我定做的，中间全空，可放许多金条金块。”他又指着房间两个大马桶说，“我虽有女佣，倒马桶的事，必须太太自己做，因为马桶完全是夹层的，放金子呀。”吴得意地说，虽有强盗，亦想不到马桶底里有金子。隔了一年，陈巨来戏问：现在有几百斤了？吴说：150斤还不到。

民国时期经济混乱，作为画家的吴徵不藏钞票藏黄金，可以说是非常正确的投资理念。

黄金是金属中最稀有、最珍贵的品种之一。从古到今，无论在中国还是外国，都流传着许多关于黄金的传奇故事。黄金使人富有，使人高贵，有着令人无法抗拒的诱人魔力，甚至可以使人发狂。它能使一个民族兴盛，也能导致一个国家灭亡。同样，黄金更是财富与奢华的象征。

黄金是人类最早发现并利用的金属，具有物理属性良好、化学性质稳定、延展性高及数量稀少等特点。更重要的是，黄金不能通过合成的方式产生。因此，地球上黄金存量是一定的，其价值不会因为政治、经济和社会原因而发生大的变化。由于黄金具有的这些独特的自然属性，也相应地被人类赋予了特殊的社会属性，就是流通货币和储藏财富的功能。马克思在《资本论》第一卷中写道："货币天然不是金银，但金银天然就是货币。"黄金作为世界性的交易媒介和财富计量标准有几千年的历史，直到1976年国际货币基金组织通过了《牙买加协议》，才正式确立了黄金的非货币化。即使如此，黄金仍然是世界各国所青睐的主要国际储备，仍然作为一种公认的硬通货活跃在金融领域。同时，它也是一种重要的投资理财产品。

安小姐结婚的时候，她的丈夫送给她一枚黄金戒指，大概有10克左右，买的时候是2000元。但是，安小姐认为这枚戒指看上去很土，因为现代人结婚都送铂金钻戒了。两人为此还闹了好长一段时间的别扭。

一晃5年过去了，安小姐也做母亲了，她想给刚刚满月的女儿买一对铂金手镯。

这天，她去逛首饰店，但看来看去，就是没有喜欢的款式，不知不觉地走到黄金戒指的柜台前。安小姐想，反正逛遍了，也没有看中的，那么就去看看黄金的吧。

“现在的黄金多少钱一克？”安小姐问售货小姐。

“360元。”售货小姐答道。

“什么？360元，这么贵啊！”

这时安小姐想到那枚黄金戒指被自己放在箱子里收起来了。当年10克的戒指，现在意味着能卖3600元了，这5年中这枚戒指升值了1600元。

既然黄金能够升值的话，那为什么不投资黄金呢?

安小姐眼前一亮，于是就把这种想法和自己的丈夫说了。

从此以后，安小姐就成了一个忠实的黄金投资者了。

随着金融市场的不断发展，黄金作为一种投资品种，被越来越多的投资者所认识。特别是近两年，国际黄金价格持续上涨，炒金也成为个人理财市场的热点，备受投资者们的关注和青睐。

对于人们来说，要想进行黄金投资，就首先要了解黄金投资的品种。在我国，现阶段主要的黄金投资品种有以下三种：

1．实物黄金

实物黄金包括金条、金币等，又可分为纯粹投资性黄金和纪念性黄金制品两种。

投资性金条，加工费用低廉，各种附加支出也不高，变现能力非常强，在全世界范围内都可以方便地买卖，并且世界大多数国家和地区都对黄金交易不征交易税。目前，我国市面上较活跃的投资性金条的品种有建设银行的“龙鼎金”、农业银行的“招财进宝”、成都高赛尔公司的“高赛尔”金条等。

纪念性黄金制品则包括了纪念性金条、金块、金币等。由于纪念币的纪念价值大于黄金本身，而影响纪念币价格的包括其稀有程度、市场需求、工艺造型、铸造年代、金币品质等，加上它们具有收藏价值，因此，价格较高。如果兑现，金价就要打很大的折扣。

2．纸黄金

纸黄金是专为克服实物黄金所存在的问题而研发出的新型投资方式。我国目前在各大银行开展的黄金投资业务主要是纸黄金。

所谓纸黄金，其实就是指黄金的纸上交易。投资者的买卖交易记录只在个人预先开立的“黄金存折账户”上体现，而不必进行实物金的提取，这样就省去了黄金的运输、保管、检验、鉴定等步骤。我国银行开展的纸黄金业务不过是实物黄金投资的变种，也必须进行全额付款。投资纸黄金，投入资金量过大，获利微薄，虽然风险很小，但投入产出比很不理想，并且只能买涨，不能买跌，投资者的主观能动性受到极大的限制。其买入价与卖出价之间的差额也和实物黄金差不多。同时，因纸黄金是专为赚取买卖差价的投资产品，就不再具有实物黄金的保值功能，也不再是抵御通货膨胀的有效手段。

3．黄金期货

黄金期货和其他期货买卖一样，也是按一定成交价、在指定时间交割的合约，合约有一定的标准。期货的特征之一是投资者为能最终购买一定数量的黄金而先存入期货经纪机构一笔保证金（一般为合约金额的5%～10%）。一般而言，黄金期货购买和销售者都在合约到期日前，出售和购回与先前合约相同数量的合约而平仓，而无须真正交割实金。每笔交易所得利润或亏损，等于两笔相反方向合约买卖差额，这种买卖方式也是人们通常所称的“炒金”。黄金期货合约交易只需10%左右交易额的定金作为投资成本，具有较大的杠杆性，即少量资金推动大额交易，所以黄金期货买卖又称“定金交易”。

黄金期货投资的优点：具有较大的流动性，合约可以在任何交易日变现；具有较大的灵活性，投资者可以在任何时间以满意的价位入市；委托指令的多样性，如即市买卖、限价买卖等；质量保证，投资者不必为其合约中标的的成色担心，也不需要承担鉴定费；安全方便，投资者不必为保存实物黄金而花费精力和费用；杠杆性，即以少量定金进行交易；价格优势，黄金期货标的是批发价格，优于零售和饰金价格；市场集中公平，开放条件下期货买卖价格在世界主要金融贸易中心和任何一个地区、国家的价格是基本一致的；会期保值作用，即利用买卖同样数量和价格的期货合约来抵补黄金价格波动带来的损失，也称“对冲”。

黄金期货投资的缺点是：投资风险较大，因为需要较强的专业知识和对市场走势的准确判断；市场投机气氛较浓，投资者往往会由于投机心理而不愿脱身，所以它是一项比较复杂和劳累的工作。

第五章

管理经济学：当好团队的领头羊

别让最差的拖了后腿——木桶定律

在希腊神话中，有一位著名英雄——战神阿喀琉斯。阿喀琉斯是希腊神话中的头号英雄，他的母亲是海神的女儿忒提斯。传说他出生后，母亲白天用神酒搽他的身体，夜里在神火中煅烧，并且提着他的脚跟把他浸泡在冥界的斯得克斯河中，使他获得了刀枪不入之身。

但是因为在河水中浸泡时他的脚跟被母亲握着，没有被冥河水浸过，所以留下全身唯一致命的弱点。阿喀琉斯长大后，在特洛伊战争中屡建功勋，所向无敌。后来特洛伊王子帕里斯知道了阿喀琉斯这个弱点，就从远处向他射暗箭。帕里斯是位神射手，这一箭正好射中阿喀琉斯的脚跟，这位大英雄瞬间毙命。

阿喀琉斯自身的不足之处，令人联想到一个著名定律：木桶定律。

如果组成一个木桶的木板长短不齐，那么木桶的盛水量不是取决于最长的那一块，而是取决于最短的那一块木板。这在管理学中称为“木桶定律”或“短板效应”。

根据这一核心内容，木桶定律还有以下三个推论。

1. 只要这个木桶里有一块不够高度，木桶里的水就不可能是满的。

2. 只有桶壁上的所有木板都足够高，那木桶才能盛满水。

3. 如果木桶的板块之间有缝隙，那么再多的水也会漏出来。

木桶定律告诉我们：一只沿口不齐的木桶，盛水的多少，不在于木桶上最长的那块木板，而在于最短的那块木板，要想提高水桶的整体容量，不是去加长最长的那块木板，而是要下功夫依次补齐最短的木板。

从经济学角度来看，一个企业或团队，犹如一只木桶，在经营运作中，其效能（竞争力）能否达到最优化，不是单靠在某一方面的超群和突出就能立于不败之地的，而是要看整体的状况和实力；一个企业或团体，是否具有强大的竞争力，往往取决于其是否存在突出的薄弱环节。劣势决定优势，劣势决定生死，这是市场竞争的残酷法则。

如果我们把企业当成一只木桶，而把企业经营所需要的各种资源与要素比作组成木桶的每一块木板，比如资金、技术、人才、产品、营销、管理等，那么一个企业取得业绩的大小，则取决于企业资源中最短缺的资源和要素。换个角度说，在企业的销售能力、市场开发能力、服务能力、生产管理能力中，如果某一方面的能力稍低，就很难在市场上长久获利。

也就是说，任何一个组织发展到一定程度，可能面临的一个共同问题，即构成组织的各个部分、各个环节良莠不齐，而劣势部分往往决定整个组织的水平。因为，最短的木板对最长的木板起着限制和制约作用，从而决定了整个组织的战斗力，影响了整个组织的综合实力。

将这种定律应用于管理上，指企业发展到一定程度，其管理重点就是仔细审视企业自身，看哪些地方还做得不够，然后有针对性地加以改进。其实，一个企业做得再好，管理上都有潜力可挖。换句话说，每个企业都有它的薄弱环节，正是这些环节使企业许多资源闲置甚至浪费，发挥不了应有的作用。如常见的互相扯皮、决策低效、实施不力等薄弱环节，都严重地影响并制约着企业的发展。

因此，企业要想做好、做强，必须从产品设计、价格政策、渠道建设、品牌培植、技术开发、财务监督、队伍培育、文化理念、战略定位等各方面一一做到位才行。任何一个环节太薄弱都有可能导致企业在竞争中处于不利位置，最终导致失败的恶果。

别让一粒老鼠屎坏了一锅汤——酒与污水定律

管理学上一个有趣的定律叫“酒与污水定律”，意思是一勺酒倒进一桶污水，得到的仍是一桶污水；把一勺污水倒进一桶酒里，得到的还是一桶污水。显而易见，污水和酒的比例并不能决定这桶东西的性质，真正起决定作用的就是那一勺污水，只要有它，再多的酒都成了污水。这就是酒与污水定律。正如中国谚语所说的：“一粒老鼠屎坏了一锅汤。”它说明对于坏的成员或东西，要在其开始破坏之前及时处理掉。

从经济学的角度看，一个团队就是个人的集合体，团队的整体效率取决于其内部每个人的行为，这就要求这个集合体内的每个人都能发挥最大效能，以保持团队的整体步调一致，动作协调。如果企业内存在几个极具破坏力的员工，他们就好比那一勺污水，往往由于他们的存在，整个团队的事业毁于一旦。他们又好比整箱苹果里的几个烂苹果，如果不及时处理，就会使箱子里的其他苹果也烂掉。如果一个组织里有这种人，哪怕拥有再多的人才，最后也难能有像样的工作成果。举个简单的例子，有个单位共有4人，工作积极性都很高，均能快速完成各项工作任务，但有一天加入了一位新成员，他每次都有诸多借口不完成或慢慢完成工作任务，由于领导者没有处理这种情况，那些平时高效工作的人们，慢慢地都变成办事拖拉了。所以，只有把这些人彻底地从团队中清除出去，才能大大提高组织的工作效率和经济效益。

黄帝时的大隗是一个很有治国才能的人。黄帝听说了他的才干，就带领着方明、昌寓、张若等六人前去拜访。在具茨山（位于今河南新郑）下一条山沟里，七个人都迷了路，见旁边有一位牧马童子，就问他知不知道具茨山。牧童说："知道。"他们又问他知不知道有一个叫大隗的人？牧童说："知道。"然后牧童把情况都告诉了他们。黄帝见这牧童年纪虽小却出语不凡，就问他："你懂得治理天下的道理吗？"牧童说："治理天下跟我这牧马的道理一样，唯去其害马者而已！"（《庄子·徐无鬼》）

连古代一个小小的牧童都知道要想让马群团结起来，就应该除掉害群之马。作为企业领导者，我们更应该把这种道理应用到管理中，让它服务于我们。

管理学研究表明，在一个企业里，如果有人脱离了规范或工作态度不好或专门搞事，而领导者又容忍这类不当行为，那就会起了"示范"作用，就会很容易使单位里其他本来没有问题的同事，都变成有问题。一个企业在建设系统的过程中，是需要经年累月的发展才能逐渐形成的，而这还是建立在企业里没有这类"污水"的情况或者即使有也是尽早发现并很快剔除掉的基础上的。如果不能及时清除掉这类污水，则组织就根本没法建成系统。同时，即使企业的组织系统建立起来了，但组织系统从来就是很脆弱的，因而也是会很容易就被破坏的。所以在组织里，如果发现了有“害群之马”，则最好的办法就是即刻清除出去，否则企业的系统会很容易遭到破坏。因为从本质上而言，破坏要比建设更容易。

20世纪70年代，伊藤洋行的董事长伊藤雅俊突然解雇了战功赫赫的岸信一雄，在日本商界引起了一次震动，这连舆论界都用轻蔑尖刻的口吻批评伊藤。人们都为岸信一雄打抱不平，指责伊藤过河拆桥，将三顾茅庐请来的岸信一雄给解雇，是因为他的东西已被全部榨光了，已没有利用价值。

在舆论的猛烈攻击下，伊藤雅俊却理直气壮地反驳道：“纪律和秩序是我的企业的生命，不守纪律的人一定要处以重罚，即使会因此减低战斗力也在所不惜。”

事情的起因是这样的：岸信一雄是由东京食品公司跳槽到伊藤洋行的。伊藤洋行以从事衣料买卖起家，所以食品部门比较弱，因此，才会从东京食品公司挖来岸信一雄。他来到伊藤洋行后，表现相当好，贡献也很大，10年间将公司的业绩提升数十倍，使得伊藤洋行的食品部门呈现一片蓬勃的景象。

伊藤洋行一向是以顾客为先，董事长伊藤雅俊对员工的要求十分严格，要他们彻底发挥他们的能力，以严密的组织，作为经营的基础。

但随着公司业绩的增长，岸信一雄却对公司制定的规章制度一律不予遵守，他经常支用交际费，对部下也放任自流，这和伊藤雅俊的管理方式迥然不同。因此，伊藤雅俊要求岸信一雄改善工作态度，按照伊藤洋行的经营方法去做。但是，岸信一雄根本不加以理会，依然按照自己的做法去做。

尽管岸信一雄是个经营奇才，但他居功自傲，不守纪律，屡教不改，伊藤雅俊最终只得下决心将其解雇，杀一儆百，维护企业的秩序和纪律。

对于团队中的破坏者，最英明的决策就是将他清除出去，或者限制他的行动。

一个企业或组织，不能因为某一个员工在某一方面突出就可以忽视整个团队的利益，当然，也不能因为他的懈怠而阻碍团队前进的步伐。

常言道：“长痛不如短痛。”对于那些危害企业利益、不合适、不能融入企业文化的人，领导者应尽快使之离开，这对企业是一个好事，对当事者也未必不是一件好事。该出手时就出手。这样的处置，也许企业是要付出代价的，但这种代价是值得的！

一定要纠正的坏习惯——破窗效应

1969年，美国斯坦福大学心理学家菲利普·辛巴杜进行一项实验：他找了两辆一模一样的汽车，把其中的一辆摆在治安环境相对好的中产阶级社区，而另一辆停在治安环境相对杂乱的街区。停在治安环境差的街区的那一辆，他把车牌摘掉了，并且把顶棚打开。结果这辆车一天之内就被偷走了，而放在中产阶级社区的那一辆，摆了一个星期也无人问津。后来，辛巴杜用锤子把那辆车的玻璃敲了个大洞。结果呢？仅仅过了几个小时，它就不见了。

以这项实验为基础，政治学家詹姆斯·威尔逊和犯罪学家乔治·凯琳提出了一个“破窗理论”。该理论认为：任何可见的混乱、忽视与犯罪的迹象，如有人打坏了一个建筑物的窗户玻璃，而这扇窗户又得不到及时的维修，别人就可能受到某些暗示性的纵容去打烂更多的窗户玻璃。久而久之，这些破窗户就给人造成一种无序的感觉。结果在这种公众麻木不仁的氛围中，进一步的混乱、忽视与犯罪就会滋生、猖獗。

破窗理论强调，环境可以对一个人产生强烈的暗示性和诱导性。这种现象在企业管理中也是常见的。例如，对于违反公司规定或操作程序的行为，有关组织没有及时的处理，没有引起员工的重视，从而使得类似行为屡次发生。这就是破窗效应的表现。

某市的中心小学紧邻一条大马路，时常发生交通事故。于是，校方规定，每天下午学生放学后20分钟，教师方可离校，目的是先把学生安全送过马路。有一次，某年级的一个班主任和学生一起离了校，校长发现了，但没进行任何提示或处理。第二天，有的班主任便效仿之。不久，其他教师也紧跟着学生一块离校。没过多长时间，教师便都走在了学生前边，还没打放学铃，好多教师早已不见了踪影。于是，学校不得不重申原来的规定。

对管理秩序的任何偶然、个别、轻微的损害，如果不闻不问、反应迟钝或纠正不力，其后果可能就是纵容更多的人去破坏它。于是用不了多长时间，各类有损公共秩序的行为，就会如雨后春笋般地滋生出来。就上例来说，如果一开始校长能及时修理

“第一个早退的教师”这个破窗，对其行为进行严肃处理，那么肯定不会出现其他同事纷纷效仿的现象。

那么，该如何防止这种现象的出现呢？最好的办法就是及时修好“第一扇被打碎玻璃的窗户”。因为只有在破窗没有得到及时修复的时候，破窗效应才会应验。所以，在企业管理过程中，一旦出现破窗，如不及时处理，不但会引发“砸窗”的连锁反应，对企业的经营产生危害，还会引起公众和社会的负面评论，而言过其实的评论可能对企业的声誉造成极大的威胁。因此出现“破窗”后，最好以快刀斩乱麻的凌厉手段尽快将其修复，特别是对于那些资产数以亿计的大企业，宁可蚀小财也不能耽误处理“破窗”的时间，因为“破窗”带来的损失远远不是几个小钱所能修补的。若久拖不决，会给竞争者提供乘虚而入的机会。

美国有一家公司，规模虽然不大，但以极少炒员工鱿鱼而著称。有一天，一位老车工在切割台上操作时，未按规定，就将切割刀前的防护挡板卸了下来。没有防护挡板，工作起来会更方便和快捷，这样他就可以加快他的工作效率。

大约过了一个多小时，他的举动被走进车间巡视的主管看到了。主管雷霆大怒，大声训斥了他半天，令他立即将防护挡板装上之外，并声称要将他一整天的工作量作废。

此时，挨了批评的老车工以为事情已经结束了。何曾想到，第二天一上班，他就被老板叫到了办公室。他在那间受过多次鼓励和表彰的办公室，听到了要将他辞退的处罚通知。老板说：“身为老员工，你应该比任何人都明白安全对于公司意味着什么。你今天少完成了零件，少实现了利润，公司可以换个人换个时间把它们补起来，可你一旦发生事故、失去健康乃至生命，那是公司永远都补偿不起的……”

离开公司那天，老车工流泪了，工作了几年时间，他有过风光，也有过不尽如人意的地方，但公司从没有人对他说不行。可这一次不同，他知道，这次碰到的是公司的底线。

这个事例告诉我们，对于影响深远的“小过错”，“小题大做”去处理，以防止“千里之堤，溃于蚁穴”，正是及时修好“第一个被打碎玻璃的窗户”的明智举措。

对于管理者而言，破窗效应揭示了一个道理：任何一个问题的存在，都有其含义，都是在传递某种信息，当这个信息没有得到及时处理时，就有可能导致其背后隐藏的类似问题的扩散。因此管理者必须在问题发生时，及时进行矫正与补救。作为管理者，当看到问题出现时，首先要研究问题究竟出在哪里，如果是制度不健全，就要赶紧建章立制，补上缺失的“玻璃”，亡羊补牢未为晚矣；如果是管理不到位，就应该加大检查和处罚的力度，以维护制度的权威性，使每个员工都成为制度的执行者和维护者。

有句成语叫作“防微杜渐”。既然有些“破窗”不可避免，管理者就应时时绷紧“破窗”这根弦。平时多一些“破窗”意识，多制定几套策略应对各种将来可能出现的“破窗”。

有竞争才有活力——鲶鱼效应

管理经济学中有一个概念叫鲶鱼效应，它源于这样一个故事：

挪威人爱吃沙丁鱼，他们在海上捕得沙丁鱼后，如果能让鱼活着抵港，卖价就会比死鱼高好几倍。但是，由于沙丁鱼生性懒惰，不爱游动，返航的路程又很长，所以捞到的沙丁鱼多数都是没运回码头就死了，即使有些活的，也是奄奄一息。只有一位渔民每次运回的沙丁鱼总是活的，而且很生猛，他也因此赚到更多的钱。后来，人们发现了一个秘密：原来是他在鱼槽里放了几条鲶鱼。当鲶鱼装入鱼槽后，由于环境陌生，就会四处游动，而沙丁鱼发现这一“异己分子”后，也会紧张起来，加速游动，如此一来，沙丁鱼便能活着到港。渔民的这种做法后来被管理者们总结成了“鲶鱼效应”，并将其作为一种竞争机制而引入了人力资源管理中。

企业中管理同样如此，一个团队的人员如果长期固定不变，就会缺乏新鲜感和活力，容易养成惰性，缺乏竞争力。很多员工正是抱着“做一天和尚撞一天钟”的想法来享受安定，以至于不思进取。在今天这种高速发展的社会，不论团队还是个人都是逆水行舟，不进则退。如果企业经营者想激励所有员工时刻保持充足的活力，时刻以百倍的热情投入工作，就应该学会利用鲶鱼效应，积极为企业引进一流人才，引入竞争。

在澳大利亚，有一个大型牧场经常被狼群骚扰，牧民们放养的羊群经常无缘无故就丢失了，他们夜里睡觉还得担心狼群不知道什么时候就来突袭羊群。羊群是牧民们的主要收入，野狼对羊群的袭击，严重影响着他们的经济收入。因此，这让放牧为生的牧民们大为烦恼。为了能将狼群“斩草除根”，牧民们向当地的政府和军队求助，最后狼群在政府和军队的大力捕杀下，被“赶尽杀绝”。

牧场的羊群没有了狼群的威胁，经过一段时间的调养生息，就慢慢壮大起来，这让牧民们非常高兴。可是好景不长，几年之后，他们发现羊群的产奶率大大下降，而且羊群总体的抵抗力越来越差，病残的羊数量越来越多，羊毛的质量也不如从前那么光亮。牧民们这才反应过来，没有狼群的威胁了，羊的天性就变得迟钝，因为没有了生存的压力，可以不用像以前一样为了活命而拼命地奔跑了。

为了改善这种状况，牧民们只好又求助于政府，政府为牧民们引进了一批野狼。野狼重新威胁着羊的生存，提高了羊的警觉性。一段时间后，虽然不断有羊丢失，但羊群的总体数量还是提高了，这是因为被吃掉的总是那些老弱病残的羊，这也就是生物链上的优胜劣汰。

其实，从经济学的角度来看，生物链上的优胜劣汰就是鲶鱼效应的应用。

鲶鱼效应实质上是一种负激励，是激活企业和员工队伍的一种有效方式。人人都有一种不甘人后、以落后为耻的心理，而竞争恰恰可以使人们在成绩上拉开距离，从而激发人的创造性，激励人的上进心。如果一个人长期在一个与世无争、没有压力的环境中生存，那么他的潜力很大程度上都将处于被压抑的状态。所以说，在企业的内部引入竞争机制，让员工保持一定的竞争压力，就能够充分调动员工的积极性、主动性和创造性。

在企业内部引入竞争机制，有利于盘活人才的积极性，使团队展现勃勃生机。领导者要善于从公司外部引入一流的人才，就像鲶鱼激活沙丁鱼那样激活企业的员工。当员工知道竞争对象的存在时，就会激发他们强烈的竞争欲望，从而发挥自己的潜能。

日本本田公司总经理本田先生曾面临这样一个难题：公司里终日东游西荡、拖企业后腿的员工占员工总数的20%。如果将这些人全部开除，一方面会受到工会方面的压力；另一方面，又会使企业蒙受损失。其实，这些人也能完成工作，只是与公司的要求与发展相距远一些。

于是，本田先生找来了自己的得力助手、副总裁宫泽。宫泽先生认为，企业的活力根本上取决于企业全体员工的进取心和敬业精神，取决于全体员工的活力。公司必须想办法使各级管理人员充满活力，即让他们有敬业精神和进取心。一个公司如果人员长期固定不变，就会缺乏新鲜感和活力，容易养成惰性，缺乏竞争力。只有外有压力，存在竞争气氛，员工才会有紧迫感，才能激发进取心，企业才有活力。这就是鲶鱼效应。

本田先生认为宫泽说得很有道理，所以他决定从公司外部找一些外来的“鲶鱼”加入公司的员工队伍，制造一种紧张气氛，发挥鲶鱼效应。

于是，本田先生进行人事方面的改革，特别是销售部经理的观念离公司的精神相距太远，而且他的守旧思想已经严重影响了他的下属。必须找一条“鲶鱼”来，尽早打破销售部只会维持现状的沉闷气氛，否则公司的发展将会受到严重影响。经过周密的计划和努力，本田公司终于把松和公司销售部副经理、年仅35岁的武太郎挖了过来。武太郎接任本田公司销售部经理后，凭着自己丰富的市场营销经验和过人的学识以及惊人的毅力和工作热情，受到了销售部全体员工的好评，员工的工作热情被极大地调动起来，活力大为增强。公司的销售出现了转机，月销售额直线上升，公司在欧美及欧洲市场的知名度不断提高。

本田先生对武太郎上任以来的工作非常满意，这不仅在于他的工作表现，而且销售部作为企业的龙头部门带动了其他部门经理人员的工作热情和活力。本田深为自己有效地利用鲶鱼效应而得意。

从此，本田公司每年重点从外部“中途聘用”一些精干利索、思维敏捷的30岁左右的生力军，有时甚至聘请常务董事一级的“大鲶鱼”。这样一来，公司上下的“沙丁鱼”都有了触电式的感觉。本田公司自从推行了鲶鱼效应管理办法以后，企业的产品质量和产量大大提高，销售工作也大有起色，公司因此很快步入了大企业行列。

可见，如果企业领导者真正意识到人才激励的重要性，并能积极引进一流人才，激发企业员工的活力，那么企业内部员工的潜能将会被激发到最佳状态。

其实，很多企业的领导者不是不知道鲶鱼效应，他们也想靠引进优秀人才来激励员工，但是他们在这方面做得很不好，很多地方都不知道到底该如何做：不知道是否应该引进人才，在什么时候引进人才，引进什么样的人才，以至于将优秀人才引进公司后，反而激发了内部员工的矛盾或者对员工没有产生明显的激励作用。这些都是对鲶鱼效应没有准确理解而引发的。

因此，企业领导者在运用鲶鱼效应时，还要看好形势、掌握好尺度。一方面要思考自己的企业是否真正需要“鲶鱼”，一方面要判断引进什么样的“鲶鱼”才能真正发挥作用。一定要看实际效果，即是否可以通过引进“鲶鱼”将企业内部的“沙丁鱼”激活。如果引进不当，眼光“见外不见内”，不仅起不到应有的激励作用，还可能导致本来试图进取的优秀员工流失。

简单成就高效——奥卡姆剃刀定律

奥卡姆剃刀定律，是由14世纪英格兰的逻辑学家奥卡姆·威廉提出的。这个原理称为“如无必要，勿增实体”，即“简单有效原理”。

在企业管理中，奥卡姆剃刀定律可进一步深化为简单与复杂定律：把事情变复杂很简单，把事情变简单很复杂。这个定律要求管理者在处理事情时，要把握事情的实质，解决最根本的问题，尤其要顺其自然，不要把事情人为地复杂化，只有这样才能把事情处理好。

为什么要将复杂变简单呢？因为复杂容易使人迷失，只有简单化后才利于人们理解和操作。当前，很多企业组织机构越来越复杂，制度越来越细，文件越来越多，而工作效率却越来越低下。许多管理者已经意识到了问题的严重性，但面对纷繁复杂的问题，仍不知该从何下手。在这些问题的处理上，奥卡姆剃刀将给管理者们以帮助——用简单化应对复杂和烦琐，这是最有效的处理方式。

有一家经营无方、多年亏损的企业，为了改变这种情况，集团派了新的经理。新老总上任后，发现职工作风散漫，上班下班该干什么，不该干什么，没个标准。办公室主任告诉老总，企业不但制定了规章制度，而且非常详细，说着主任抱出一堆管理条例。老总一看，厚厚五大本，足有几斤重。

老总翻了翻说，这么复杂的东西，谁看，怎么记得住？于是，他亲自主持制定了两项管理制度，一项叫作“四无”，另一项叫作“五不走”。“四无”即车间必须做到：无垃圾、无杂物、无闲坐闲聊人员、无乱放成品半成品。“五不走”即工人下班必须做到：设备不擦净不走，材料不放整齐不走，工具不清点好不走，记录不填好不走，现场不清扫不走。两项制度，一共9条，简单清楚，人人明白。以后工厂管理大有起色，人人都夸老总“英明”。

这个故事，说明了一个道理——管理就是把复杂的问题简单化，混乱的事情规范化。管理不是力求复杂，而是简单有效。只要能解决问题，那就是好的方案，那就是优秀的管理。

智者化繁为简，愚者化简为繁。著名管理大师、通用电气公司前总裁杰克·韦尔奇说：“人们总是将生意看得太过复杂，事实上，这并不是像研究火箭那样难的科学，而是世界上最简单的工作。”而韦尔奇领导通用电气公司的成功秘诀之一就如他所说的：“将我们在通用电气所做的一切事情、所制造的一切东西‘去复杂化’”。著名管理学家迈克尔·波特说：“生活已经够麻烦了，但还是有许多人不怕麻烦，给自己设置各种各样的‘圈套’。他们和这些复杂的问题不断地进行斗争，并且依据一些最新的管理理论、用一些含混的方法来解决这些问题，其实根本没有必要这样做，最简单的方法就是最好的方法。”为此，企业的决策者乃至整个企业团队都应成为简单管理的倡导者、创意者与执行者。

很多世界知名企业，都是通过简单化管理才跻身于强者之列的。IBM（国际商业机器公司）是一家国际大公司，而它奉行的正是奥卡姆剃刀定律的精髓。

老托马斯·沃森在1914年创办IBM时，本着为公司创造效益，同时证明自己的价值的想法，写出了三条准则：必须尊重个人；必须尽可能给顾客提供最好的服务；必须追求卓越的工作表现。这三条简单原则一直是IBM的做事指南。当时，所有的人在看过这三条原则后都很震惊，一个拥有40万员工，销售额超过500亿美元，在全球各国都拥有分公司的IBM，行为准则只有三条，怎么会这么简单？很难想象他们是怎么做到的。

这三条简单原则被员工牢记在心，他们在工作中表现积极，发挥自己的价值。每个员工都有自己负责的一个领域，每个人都可以做更多的工作；每个领域出现了问题，都可以及时找到相关区域的负责人，并在最快的时间内解决问题；每个员工在自己管理的区域内都有一定的权力，处理问题时只要自己能够解决就自行处理，不必向上级领导请教、批准，然后再实施领导政策，解决问题。这一政策让IBM员工明白自己属于IBM而不属于区域总经理，在这个区域内总经理不再是唯一的领导。员工在公司中找到家的感觉，一切为公司的利益着想，关注顾客，更高效地完成工作。

一个如此庞大的企业，贯彻这三个原则是一个很复杂的事情，但是IBM将它简化成两个字：去做。IBM在会议、内部文件、备忘录甚至在私人谈话中都将这一简单原则运用自如。值得一提的是，IBM的主管人员还会在工作中身体力行，努力让这些原则成为事实，这样更加带动了全体员工的积极性，员工在工作中不断自主创新，为公司创造效益。

组织的高效来自简洁，复杂往往会造成巨大的浪费。一个简单的问题，不能人为地把它复杂化；一个复杂的问题，更要将之简单化。任何大企业，其理念和管理手段无论多么先进，执行力都会由上至下逐渐减弱，因此，越是复杂的原则、理念越难以落实到基层，而采取简单通俗的原则，却可以将之贯彻到最基层，从而就能很好地解决流程和执行问题。

管理的精髓在于把复杂的事情简单化，最简便易行的管理方法最有成效。把复杂的事情简单化，这是一门艺术。管理者必须开动脑筋，努力寻找更简单的方法。掌握了简单管理的方法，并灵活运用，就会在管理过程中卓越高效，使自己始终处于管理的主动地位，实现下属、自身、企业的多赢，从而开创一个上下和谐、积极进取的管理新局面。

不懂授权，你就累到死——古狄逊定理

在现实生活中，我们会发现有不少管理者常常忙得焦头烂

额，恨不得一天有48小时可用；或者常常觉得需要员工的帮忙，但是又怕他们做不好，以致最后事情都往自己身上揽。这是不符合经济学原理的。对于这种现象，英国证券交易所前主管古狄逊指出，一个累坏了的管理者，是一个最差劲的管理者。这就是古狄逊定理。

古狄逊定理强调，管理是让别人干活的艺术。虽然一个称职的管理者最好是一个“万事通”，但一个能力很强的人并不一定能管理好一家企业。管理的真谛不是要管理者自己来做事，而是要管理者管理别人做事，所以管理者一定要学会授权。

授权是一种重要的管理方式。授权就是权力授予他人，以使其完成特定的任务，它将决策的权力从组织的一个层级交至一个更低的层级。著名企业家刘永行在接受采访时曾说：“企业做大了，必须转变凡事亲历亲为的观念。一定要让职业经理人来做，强调分工合作。原来我一个人管理十几个企业，整天忙得不得了。后来明白了，是我的权力太集中，所以，我痛下决心，大胆放权。放权之后，我每天有七八个小时的时间学习。”的确，一个企业在创业时期，管理者往往是亲力亲为、全责全能，这对企业的快速决策和发展是有好处的。然而，当企业发展到一定规模时，管理者就要逐步退出一些事务性工作，分权授权给有能力的员工，建立团队管理和现代公司制度。如果管理者依然对工作事无巨细，追求面面俱到，势必造成在一些重要环节上精力不足、思虑欠周，很可能“捡了芝麻，丢了西瓜”。

戴尔电脑公司今天已是全球举足轻重的跨国公司。创始人迈克尔·戴尔刚开始创业时，也曾发出“累坏了”的抱怨，但他很快就找到了原因，并找到了解决的办法，那就是授权。

戴尔事业初创时，由于经常加班赶活，再加上他刚离开大学，习惯了晚睡晚起的作息，第二天经常睡过了头。有一次，等他赶到公司时，看见有二三十名员工在门口闲晃，等着开门。

刚开始戴尔不明白发生了什么，好奇地问：“这是怎么回事？你们怎么不进去？”有人回答：“老板，你看，钥匙在你那儿，我们进不了门！”戴尔这才想起公司唯一的钥匙正挂在自己腰间，平时总是他到达后为大家开门。

从此，戴尔努力早起，但还是经常迟到。

一天，一个职员走进他的办公室报告：“老板，卫生间没有卫生纸了。”戴尔一脸不高兴：“什么？没有卫生纸也找我！”“存放办公用品的柜子钥匙在你那儿呢。”

又过了不久，戴尔正在办公室忙着解决复杂的系统问题，有个员工走进来，抱怨说：“真倒霉，我的硬币被可乐的自动售货机‘吃’掉了。”戴尔一时没反应过来：“这事为什么要告诉我？”“因为售货机的钥匙你保管着。”

戴尔想了想，决定放权，不能事无巨细一把抓着。他把几把钥匙交给专人保管，又专门请人负责其他部门。公司在新的管理方法下变得井井有条。

美国一个零售巨头曾经说过这样一句话：“身为一个领导，他要明白想逼死自己最快的方法就是大权一把抓。”一些管理者之所以成天忙忙碌碌却又干不到点子上，其原因就是大事小事都要插上一把手。他们一方面抱怨事情干不过来，另一方面又事无巨细什么事都要亲自管。当下级一有问题时，他们便亲自去处理那些本应由下级处理的问题，陷在事务圈子里不能自拔。这种唱“独角戏”的做法，与现代管理的方式毫无共同之处。而管理者也会很快陷入顾此失彼、全局观缺失的“管理智障”中。

不论是哪一级管理者，一旦患上了事必躬亲的毛病，就可能忘掉“让专业的人去做专业的事”的基本管理原则，而使自己及企业陡增更多犯错的可能——尤其糟糕的是，如果用对的人去做对的事，这些错误本来是可以避免的。同时，在对一些大事的处理和对市场机会的把握上，又会延误战机、错失机会。简单地说，越想通过亲力亲为做得好一点，就越可能把事情弄砸；越想眉毛胡子一把抓，种种问题就越是丛生，越难提升团队的经营、管理绩效。

日本本田公司创始人本田宗一郎是一个技术天才，对经营管理既无兴趣也不在行，他为什么能将公司经营成一家世界级大公司呢？这得益于他用人的魄力。他用人不疑，敢于将权力交托给别人。

他最得力的助手是藤泽武夫。此人是个经营管理专家，与本田的能力正好互补。本田将公司管理大权全部交给藤泽，自己一头钻进技术里。本田偶尔来到总公司，不管三七二十一，把员工统统训斥一番。还没等别人反应过来，他又旋风般扎进研究所，经常三天三夜不眠。由于公司经营权全部由藤泽掌管，“本田从未见过印信”，这成了企业界的著名话题。本田在接受媒体采访时，坦率地说：“我这个人根本考虑不了其他事情，即使有其他赚钱的买卖也干不了，也没有去做的勇气。另一点，我是搞技术的人，对财务上的事一窍不通，我将它交给藤泽君来经管。能与藤泽君合作是我最幸运的事，本田公司也因此才发展到今天的规模。”

由于本田宗一郎大胆授权，充分发挥了人才的潜力，增强了员工的使命感，公司也因此得到了长足发展。

任何一个企业或组织都不可能靠一个人去运转，任何一个项目也都不可能一个人去完成。管理者只有通过有效地授权才能带领自己的员工去完成任务。

对于管理者来说，你的职责应当是考虑组织的发展大计，制定整体性的、宏观的目标和计划，而不应当纠缠在一些小事上。授权可以使管理者从一般的事务性的工作中得以解脱出来，集中精力抓一些大事。

授权是企业管理中的重要组成部分，也是管理者要学习和掌握的艺术。随着企业规模的扩大和员工水平的提高，企业内部的知识呈现分散化状态，员工的需求也向深层次方向发展。为了提高决策的效率，充分调动员工的积极性，管理者就必须学会科学的授权。

加强纪律的约束——热炉法则

美国著名管理学教授斯蒂芬·罗宾斯曾提到过这样一件事：

屋子中间生着炙热旺盛的火炉，围坐的人们如果只顾烤火而不小心翼翼，就很有可能手脚触碰并被烫伤。这使人们不假思索地在脑中建立了原因和结果之间的联系：任何人只要用手去碰烧热的火炉时，就会受到“烫”的惩罚。

古语云：“官法如炉。”制度就像火炉，这种逻辑被称为“热炉法则”，代表着关于惩罚措施应有的及时性、一致性和公平性。

“热炉法则”作为一套在管理中被频繁引用的规则，应用到企业或团队的管理中，是保证其正常运转的重要屏障。

公元228年，诸葛亮为实现统一大业，发动了第一次北伐曹魏的战争。他亲自率10万大军，突袭魏军据守的祁山（今甘肃南部），任命参军马谡为前锋，镇守战略要地街亭（今甘肃秦安县东北）。临行前，诸葛亮再三嘱咐马谡：“街亭虽小，关系重大。它是通往汉中的咽喉。如果失掉街亭，我军必败。”并具体指示让他“靠山近水安营扎寨，谨慎小心，不得有误”。

马谡到达街亭后，不按诸葛亮的指令依山傍水部署兵力，自作主张地想将大军部署在远离水源的街亭山上。当时，副将王平提出：“街亭一无水源，二无粮道，若魏军围困街亭，切断水源，断绝粮道，我军则不战自溃。请主将遵令履法，依山傍水，巧布精兵。”马谡不但不听劝阻，反而自信地说：“我通晓兵法，世人皆知，连丞相有时都得请教于我，而你王平生长戎旅，手不能书，知何兵法？”接着又洋洋自得地说：“居高临下，势如破竹，置死地而后生，这是兵家常识。我将大军布于山上，使之绝无反顾，这正是致胜之秘诀。”王平再次劝阻：“如此布兵危险！”但是，马谡固执己见，将大军布于山上。

魏明帝曹睿得知蜀将马谡占领街亭，立即派骁勇善战、曾多次与蜀军交锋的将军张郃领兵抗击。张郃进军街亭，侦察到马谡舍水上山，心中大喜，立即挥兵切断水源，掐断粮道，将马谡部围困于山上，然后纵火烧山。蜀军饥渴难忍，军心涣散，不战自乱。张郃命令乘势进攻，蜀军大败。马谡失守街亭，战局骤变，迫使诸葛亮退回汉中。

为了严肃军纪，诸葛亮下令将马谡革职入狱，死时年仅39岁。

马谡的伏法归咎于他犯的军法，诸葛亮为了做到令行禁止，不得不严惩马谡来起到威慑作用。这个事例告诉我们，纪律是一切行为的基本依据，也是优秀团队得以发挥战斗力的根本力量源泉。没有严明的纪律，小而言之，军队打仗不可能取得胜利，大而言之，一个国家就会乱得一塌糊涂，毫无秩序。

对一个企业而言，铁的纪律是企业之根本，如果没有了纪律的约束，那么就会人心涣散，企业毫无生命力可言。这也是热炉法则的核心理念。

从经济学的角度来看，企业就像一部高速运转的机器，每个员工都是机器上不可或缺的零件。要保证机器的正常运转，每个零件都必须尽心尽责地保持良好的状态。而要让每个零件忠于职守，就得按照机器规定的程序和轨迹来运行。这个规定的程序和轨迹就是机器严密的组织纪律。同样，要保持企业的健康发展，也必须让每个员工按照企业的规章制度工作，严格遵守企业的纪律。

世界最大的汽车公司——通用汽车公司，以生产众多的世界名牌汽车而著称，并一直在美国工业公司中名列前茅。如此骄人的业绩正是来自严格的经营管理和铁的纪律。

创立于20世纪20年代初的通用汽车公司，在最初发展阶段一直屈居于福特汽车公司之下，福特汽车公司的市场占有率为45%，通用汽车公司只占17%。后来，通用汽车公司第八任总裁阿尔费雷德·斯隆建议，公司的经营管理体制必须进行重大改革。斯隆对通用汽车公司组织混乱、管理无方、纪律松弛非常不满。他认为，像通用这样大的公司，把过多具体问题集中在少数高级经理人身上，这不仅使他们终日忙于事务，无暇考虑公司的方针政策，而且限制了各级人员的首创精神。

于是，斯隆提出了“集中政策、分散经营”的改革思路。首先就是制定一整套严格的纪律。随后他把公司的任务分为两类，即决策任务和执行任务。公司各级各部门都制定相应的规章制度。分工明确，赏罚分明。当时，通用汽车公司纪律之刻板在全世界同行中首屈一指。

纪律是企业经营和发展的基本前提。无论何行何业，都应将纪律、规章制度放在首要位置，纪律面前人人平等。一个企业只有纪律严明，管理严格，才能保证生产的正常进行。

纪律性的高低决定执行力水平的高低。一个企业如果没有一个严格的纪律约束，人心就会涣散，组织就会瘫痪，就像暴发瘟疫一样相互传染，有令不行，该做的不做；更谈不上什么战斗力。一个纪律涣散的团队，即便有再好的生产设备也达不到一流的生产成效，再好的营销方案也不能取得好的经营业绩，再好的决策也会遭遇到失败的结局。没有纪律性就没有执行力，没有执行力就没有一切。企业要取得优异的业绩就必须是一个纪律严明、极具执行力的组织。

第六章

博弈经济学：怎样赢得更多的利益

用最优策略使得利益最大化——纳什均衡

纳什均衡是博弈分析中的重要概念。1948年，约翰·纳什作为年轻的数学博士生进入普林斯顿大学。其研究成果载于题为《非合作博弈》（1950）的博士论文。该博士论文导致了《n人博弈中的均衡点》（1950）和题为《非合作博弈》（1951）两篇论文的发表。纳什在上述论文中，介绍了合作博弈与非合作博弈的区别。他对非合作博弈的最重要贡献是阐明了包含任意人数的局中人和任意偏好的一种通用解概念，也就是不限于两人零和博弈。该解概念后来被称为“纳什均衡”。

纳什均衡，又称为非合作博弈均衡，是博弈论的一个重要术语。“假设有n个局中人参与博弈，在给定其他人策略的条件下，每个局中人都选择对自己最有利的策略，从而使自己的利益最大化。所有局中人的策略构成一个策略组合。纳什均衡指的就是这样一种战略组合。这种策略组合由所有参与人的最优策略组成。即在给定别人策略的情况下，没有人有足够理由打破这种均衡。因为均衡打破对自己没有好处，会让自己有更多的损失而不是利益。”以上是纳什均衡的定义，从实质上说，纳什均衡是一种非合作博弈状态。

纳什均衡达成时，并不意味着博弈双方都处于不动的状态，在博弈中，这个均衡是在博弈者连续的动作与反应中达成的。在纳什均衡中，每一个理性的参与者都不会有单独改变策略的冲动。通俗地说，纳什均衡的含义就是：在给定你的策略的情况下，我的策略是最好的策略；同样，在给定我的策略的情况下，你的策略也是最好的策略。即双方在对方给定的策略下不愿意调整自己的策略。可见，纳什均衡是一种稳定的博弈结果，也可以称为所有参与者皆大欢喜的博弈。

下面这个故事可以帮助大家更好地理解这个概念。

杰克和吉姆结伴旅游。经过长时间的徒步旅行，到了中午的时候，杰克和吉姆准备吃午餐。杰克带了3块饼，吉姆带了5块饼。这时，有一个路人路过。路人饿了，杰克和吉姆邀请他一起吃饭，路人接受了邀请。杰克、吉姆和路人将8块饼全部吃完。吃完饭后，路人感谢他们的午餐，给了他们8个金币，然后继续赶路。

杰克和吉姆为这8个金币的分配展开了争执。吉姆说："我带了5块饼，理应是我得5个金币，你得3个金币。"杰克不同意："既然我们在一起吃这8块饼，理应平分这8个金币。"杰克坚持认为每人4个金币。为此，杰克找到公正的夏普里来评理。

夏普里说："孩子，吉姆给你3个金币，因为你们是朋友，你应该接受它；如果你要公正的话，那么我告诉你，公正的分法是，你应当得到1个金币，而你的朋友吉姆应当得到7个金币。"

杰克表示不理解。

夏普里说："是这样的，孩子。你们3人吃了8块饼，其中，你带了3块饼，吉姆带了5块，一共是8块饼。你吃了其中的1/3，即8/3块，路人吃了你带的饼中的3−8/3=1/3块；你的朋友吉姆也吃了8/3块，路人吃了他带的饼中的5−8/3=7/3块。这样，路人所吃的8/3块饼中，有你的1/3块，有吉姆的7/3块，所以公正的是你只能得一个金币。"

经夏普里这样一说，杰克再也不嚷着多分了。最后，杰克与吉姆达成协议，杰克得到了3个金币。

在这个故事里，夏普里分硬币的方法符合一种原则，即是我们刚才讲到的——纳什均衡。

在所有的均衡中，纳什均衡是一个基础性的概念。简单地说，所谓纳什均衡就是所有人的选择综合在一块，不一定所有选择都能实现最大化原则，但能使所有人都达到最大化的均衡状态。比如，有一个长度为 1单位的街道，在街道两边均匀地分布着居民。现有两家商店决定在街道上确定经营位置。如果甲在街道中间位置 1/2处设店，则乙的最好选择是紧靠甲的左边或右边设店。当乙在甲的右边紧靠甲设店时，其右边街道上的顾客都是乙的顾客；如果乙不是紧靠甲而是远离甲设店，则其顾客只是其右边街道的居民，不如它紧靠甲设店时多，因而在远离甲的位置设店是劣战略。所以给定甲在 1/2处设店，乙在紧靠甲的左边或右边设店是最优的。反过来，给定乙在接近 1/2处设店，甲的最优选择也是在 1/2附近设店。这样，甲和乙挤在 1/2处设店就是纳什均衡，这就是商业中心区的形成原理。

经常光顾麦当劳或肯德基的人们不难发现这样一种现象，麦当劳与肯德基这两家店一般在同一条街上选址，或相隔不到100米的对面或同街相邻。

这样选址会不会造成资源的巨大浪费，会不会造成各卖场或商家利润的下降呢？对此，我们可以用纳什均衡予以解释。

假定市场上有甲、乙两个超市，他们向消费者提供的是相同的商品和服务，两者具有优势互补关系。假定甲、乙两个超市的行为目标都是为了在理性的基础上谋求各自的利益最大化，假定甲、乙两个超市的经营成本是一致的，并且没有发生“共谋”。

假如甲、乙都选择分散经营，他们各自经营所获得的利润各为3个单位。如果甲选择与其他超市聚合经营，乙选择分散经营，他们各自经营所获得的利润分别为5个单位和1个单位，总效用还是6个单位。

同理，若甲选择分散经营，乙选择聚合经营，他们各自经营所获得的利润分别为1个单位和5个单位。而甲、乙两家超市都选择聚合经营时，由于两家企业具有优势互补，所以，两者的利润都会增加到8个单位。可见，选择聚合经营是甲、乙的占优策略，它可以在两者之间形成一个稳定的博弈结果，即纳什均衡。这是因为聚合经营能够聚集“人气”，形成“马太效应”，从而能够吸引更多的消费者前来购买，进而使企业获得更多的利益。分散经营使企业无法与其他企业共享资源优势，从而导致市场风险明显增大，所以获利能力下降。

聚合选址不可避免地存在着竞争，竞争的结果是企业要生存和发展就必须提升自己的竞争力。连锁企业有个性，才有竞争力。在超市经营上要有特色，方显个性，这就要明确市场定位、深入研究消费者的需求，从产品、服务、促销等多方面进行改善，树立起区别于其他门店类型和品牌的形象。如果聚合的每一个连锁超市都能够做到这一点，就可以发挥互补优势，形成“磁铁”效果，这样不仅能够维持现有的消费群，而且能够吸引新的消费者。

另外，商业的聚集会产生“规模效应”。一方面，体现所谓一站式消费，丰富的商品种类满足了消费者降低购物成本的需求，而且同行业大量聚集实现了区域最小差异化，为聚集地消费者实现比较购物建立了良好基础；另一方面，经营者为适应激烈的市场竞争环境，谋求相对竞争优势，会不断进行自身调整，在通过竞争提升自己的同时让普通消费者受益。

正是上面的几个原因，像麦当劳、肯德基一样的聚合选址能使商家充分发挥自己的优势，从而将自己的利益最大化，选择聚合经营也就是商家当之无愧的占优策略。在这种博弈中，每一方在选择策略时都没有“共谋”，他们只是选择对自己最有利的策略，而不考虑其他人的利益，也正是这种追求自身利益最大化的本能促成双方形成最终的纳什均衡。

从上面的分析可以看出，纳什均衡达成的时候，整个博弈中的参与者达到了利益最大化。所有参与者在其中互相之间都因为对方而得到互补。所有局中人的策略形成了一种战略组合，使整体达到了最优状态。

学会搭便车，
做一头聪明的“小猪”——智猪博弈

在经济学中有一个词语叫“搭便车”，它的意思就是不付成本而坐享他人之利。我们可以用博弈论中“智猪博弈”来解释“搭便车”这种。整个故事是这样的：

猪圈里只有两头猪，一头大猪、一头小猪。猪圈的一端有一个食槽，另一端安装着一个按钮，控制着猪食的供应。按一下按钮，就有8单位的猪食进槽，但需要支出两单位的成本。如果大猪先到，大猪将吃掉7个单位的猪食，小猪只能吃到1个单位的猪食；如果小猪先到，大猪和小猪各吃掉4个单位的猪食；若两头猪同时到，大猪吃掉5个单位的猪食，小猪吃掉3个单位的猪食。两头猪都可以选择等待

或是按按钮，且两头猪都是理性的。

再来分析具体的情况，如果大猪去按按钮，小猪等待，那么小猪要比大猪先到达食槽，小猪吃掉4个单位的猪食，大猪同样也吃掉4个单位的猪食，但是大猪由于要去按按钮所以要消耗掉2个单位的能量，就相当于吃掉了2个单位的猪食。如果小猪去按，大猪等待，那么大猪先到达食槽，大猪吃掉7个单位，小猪只能吃掉1个单位，去除消耗的两个单位，小猪相当于没有吃猪食，还要消耗自身本来就有的能量1个单位。如果两头猪同时去按按钮，那么两头猪同时到达，大猪吃5个单位，小猪吃3个单位，最后扣除两头猪各自消耗能量2个单位，大猪剩余3个单位，小猪剩余1个单位。如果两头猪都不按按钮，那么当然猪食不会出来，两头猪都吃不到东西。

我们可以看到的一个奇怪现象就是，如果小猪主动按按钮，那么小猪的收益居然是-1，对于小猪来说，这比躺在那儿还要吃亏，当然小猪是不会干的。即使小猪和大猪同时去按按钮，小猪的收益也是1单位的猪食，而并非等待时候的4个单位，聪明的小猪当然不愿意有这样的结果，所以无论如何小猪都会选择等待。

如果小猪选择等待，大猪为了生存，则不得不去按按钮，这样做虽然自己只剩余了2个单位的能量，但是不至于饿死。

这样最终结果就是，小猪等待大猪去按按钮，然后自己趁大猪按按钮回来的时候，先到槽中吃食，这种现象就是“搭便车”。而大猪既聪明又理智，它知道小猪会选择不去按按钮，那么如果自己不按自己就会被饿死，按了按钮还会剩余2个单位的能量，这样虽然被小猪搭了顺风车，但是,为了自身利益着想大猪还是会选择按按钮。

也就是说，不管大猪采取什么样的策略，对于小猪来说，按按钮都是一个劣势策略，因此，最开始就可以去掉这种可能。在剔除了小猪按按钮这种方案以后，大猪就只有两种方案可供选择。在这两种策略里面，等待是一种绝对的劣势策略，所以也被剔除掉。所以剩下的只有小猪等待、大猪按按钮这个策略了，这就是智猪博弈的最后均衡。

是不是觉得这是一个有点不可思议的结论？事实就是这样，这种情况在现实中比比皆是。比如，某种新产品刚上市，在其性能和功用还不为人所熟识的情况下，如果生产的此产品不仅有一家小企业，还有其他生产能力和销售能力更强的企业。那么，小企业完全没有必要作出头鸟，自己去投入大量广告费做产品宣传，只要采用“跟随战略”即可。

在智猪博弈中，从小猪这一方面来讲，因为自身的力量太单薄，实力太弱小，所以一味地莽撞，最终可能只会落得个挨饿的下场。这个时候，小猪借助大猪的力量来吃饱也是一个很重要的成长方式。撇开道德的问题，小猪这种“借他人之力壮大自己”的博弈智慧是值得人们学习的。毕竟在激烈的市场竞争中，一个力量弱小的人如果仅仅依靠自身的力量而不借助外界的力量，是很难成就一番大事业的。所以，我们要学会“借势”，借他人的力量、金钱、智慧、名望甚至社会关系，用以扩充自己的关系，增强自身的能力。

霸王茶姬举办的5周年活动，不仅在小红书、抖音、微博等相关平台引发了大量讨论，各地门店线上“排队”点单，营销内容更是直接登上了世界顶级时尚杂志《时装L'OFFICIEL》十二月刊，引发了全网关注和热议。

据品牌相关负责人介绍，在品牌营销期间，五周年活动日直接变成了“粉丝互动节”，多地门店出现“线上”排队现象，云南、昆明等城市门店更是直接爆单，门店业绩平均提升超5成。

霸王茶姬的“破圈”玩法在业界引起了广泛的关注。

茶饮赛道的竞争一向很激烈，十年的时间，行业从鲜奶茶卷到奶盖茶、水果茶、多料奶茶等新品类。茶饮品牌如雨后春笋般涌现，不少咖啡品牌也跨界而来，想在这个大市场分得一杯羹。

在如此“内卷”的背景下，2017年才“出生”的霸王茶姬，却以独特的品牌文化杀出重围。2022年，霸王茶姬实现一年内净增门店超过500家，突破千店规模的同时，走向了东南亚等海外地区。

霸王茶姬不仅抓住了赛道，更抓住了时机。

近几年，随着国民自信度的不断提升，国风、国潮成为主流。根据《2021百度国潮骄傲搜索大数据》，近十年来，“国潮国风”类关键词的搜索热度上涨了528%。

艾瑞发布的《新式茶饮消费洞察笔记》显示，在70到95后的不同年龄人群当中，各代际均有超过30%比例的茶饮消费者偏好国风产品包装，国风偏好表现抢眼。国风火热背后体现出当前国人的文化自信和文化自觉情感，表面上看似仍是商品交换价值的购买，但根源上是这代消费者乐于为颜值、文化内涵买单的消费潮流。

而霸王茶姬精准把握住了这一趋势。首先，品牌名字直接取材于中国史诗故事《霸王别姬》。其次，店铺以“东方新茶铺”为设计理念，结合新中式文化元素表达，打造出以东方新文化为核心的美学空间，每个细节都蕴藏着传统文化美学。

另外，在品牌跨界层面，霸王茶姬与迪士尼联名推出川剧变脸“十分有戏”，与爱达乐联名推出“伯牙绝弦冰川粽”，2022年发布“国家宝藏·三星堆乐队”的合作联名，将古蜀文化IP与国风茶饮大胆碰撞，成为国内首个与三星堆文化元素相结合，并推出系列产品的现制茶饮，带给消费者十足惊喜。

不仅如此，霸王茶姬还将国风带出国门。例如，其在马来西亚的门店推行过“穿汉服，免费喝茶”的活动，吸引了不少当地非华裔居民参与，将国风文化传递给世界人民。

霸王茶姬创始人张俊杰曾说：“我们希望用茶这个媒介和载体，去到全世界，向各个国家的友人传递中国文化，让他们知道、了解今天真实的中国。我们更希望通过茶，把中国戏、中国故事讲好，用现代年轻人喜欢的演绎方式，老戏新唱、东情西并，让全世界的友人重新认识中国。”

现代年轻人消费的茶文化和生活方式，可以说是消费升级的琴棋书画诗酒茶。霸王茶姬洞悉年轻人的消费观，推出的“伯牙绝弦”“桂馥兰香”“寻香山茶”等口味奶茶，都成为茶饮界的爆款单品。

2021年，霸王茶姬重整组织体系，重点突围以成都为首的四川市场，补足西南市场。9月19日，霸王茶姬在成都春熙路著名的十字路广场正式开出旗舰店。开业当日，经典爆款“伯牙绝弦”销量超过1200杯，总销量超过3600杯。

2024年5月21日，“2024年国际茶日·现代东方茶创新论坛”上，霸王茶姬创始人张俊杰分享了公司最新运营数据。2023全年，霸王茶姬GMV首次超过百亿、达到108亿元。2024年第一季度（Q1），霸王茶姬单季度GMV超58亿元，预计2024年全年

GMV超200亿元。

巧妙运用博弈思维，在关键时刻借他人之力，可以取得连自己都意想不到的效果。种种事实表明，一个人要想迅速成就一番大事业，光靠自己单方面的博弈力量是不够的。所以当我们遇到困难、一筹莫展的时候，适当地借助一下他人的地位和声望，或许难题就可以迎刃而解。

生活中，我们随时都会与人展开一场博弈。为了应对这些不期而至的博弈，与其凭借自己的单薄力量一条路走到黑，不如提早发现他人的光彩，借“大猪”的光彩与热量，为我们打开一条平坦的通道。这既可减少痛苦摸索的时间，也将大大减轻碰壁带来的创伤。

合作是为了利益最大化——猎鹿博弈

猎鹿博弈是博弈论中的一个博弈模型，它的理论源泉最初来源于启蒙思想家卢梭在其著作《论人类不平等的起源和基础》中的论述。他所描述的个体背叛对集体合作起阻碍作用这个过程，被学者们称为“猎鹿博弈”。

猎鹿博弈的模型如下：

在一个村庄里住着两个十分出色的猎人，他们的经验十分丰富。一天他们一起出去狩猎，看到一头漂亮的梅花鹿。于是他们想，有两个路口可供梅花鹿逃走，只要堵住它们，梅花鹿就会成为他们的囊中之物。不过，如果他们其中一人放弃围捕，梅花鹿就能够逃生。

正当两个猎人集中精力，围捕梅花鹿的时候，两个路口都有一群野兔出现。如果猎人放弃梅花鹿去抓野兔，各自会抓住4只兔子。从维持生存这一角度看，他们抓捕的8只野兔可供他们吃4天，而一头梅花鹿将保证他们能吃10天。那么，两个猎人该怎么呢？

这里不妨假设两个猎人叫甲和乙。

如果猎人甲和猎人乙都去抓野兔，结果是猎人甲和乙都能保证4天内不会断食；如果猎人甲打梅花鹿，猎人乙抓兔子，结果是猎人甲一无所获，猎人乙可以吃饱4天；如果猎人甲去抓兔子，猎人乙打梅花鹿，那么两人的结果与上种情况相反；但如果猎人甲和猎人乙继续合作即都抓捕梅花鹿，结果可能是两人能够吃饱10天。

在这个博弈中，有两个“纳什均衡点”，那就是：要么两个猎人都打兔子，每人吃饱4天；要么合作抓捕梅花鹿，每人吃饱10天。

就以上两个“纳什均衡点”来说，很明显可以发现，两人一起去猎梅花鹿要比各自去抓兔子能够获得更高的利益。也就是说，两个猎人合作猎鹿要比各自去猎兔子要合算得多，他们不仅可以获得整体收益的增加，而且都获得了个人的收益的增加。

可见，在博弈中合作是促进利益提高的重要手段，如果不能达成合作，即使各自可以获得一些利益，但比起联手所获得的还是少得多。

“猎鹿博弈”在现实生活中的应用非常广泛，特别是在商业上，蛋卷冰淇淋的产生就是一个很好的证明。

1904年夏天，美国即将举行世界博览会，有一个制作糕点的小商贩把自己的糕点工具搬到了会展地点路易斯安那州。庆幸的是，他被政府允许在会场的外面出售他的薄饼。

他的薄饼生意实在糟糕，而和他相邻的一位卖冰淇淋的商贩的生意却好得不得了，一会儿工夫就售出了许多冰淇淋，很快把带来的用来装冰淇淋的小碟子用完了。

心胸宽广的糕饼商贩见状，就把自己的薄饼卷成锥形，让它来盛放冰淇淋。卖冰淇淋的商贩见这个方法可行，便要了大量的薄饼。大量的锥形冰淇淋便进入客商们的手中。令两个商贩意料不到的是，这种锥形的冰淇淋被客商们看好，而且被评为“世界博览会的真正明星”。

从此，这种锥形冰淇淋开始大行其道，这就是现在的蛋卷冰淇淋。它的发明被人们称为“神来之笔”，有人这样假设，如果两个商铺不靠在一起，那么今天我们能不能吃上蛋卷冰淇淋也很难说。

两个小商贩简单的合作思维竟然为世界创造了如此美味的经典。可见，合作可以使博弈双方的利益都有所增加。

俗话说：“一个巴掌拍不响，众人拾柴火焰高。”也就是说，一个人的力量总是有限的，有了大家的帮助，个人才能有更大的发展。正如在猎鹿博弈中，凭借一个猎人的力量是猎捕不到鹿的。只有两个猎人同时站在对方的立场上，并为对方考虑，认识到猎鹿要比猎兔的好处大时，才能获得利益的最大化。所以，为了个人利益的最大化，他们都选择了与对方合作。

在现实生活中，只要是能够使自己在原来的利益基础上得到更多的利益，大多数人会选择合作的方式。因为合作就意味着可以得到更多的利益，在利益的驱使下，人们都会选择合作。金龙鱼和苏泊尔两个品牌的联合就是其中一个较好的案例。

苏泊尔是中国炊具知名品牌，金龙鱼是中国食用油品牌，两者都倡导新的健康烹调观念。

两家企业曾策划了苏泊尔和金龙鱼大型促销活动“好油好锅，健康新食尚”，在全国800家卖场掀起了一场红色风暴。

这项活动在全国36个城市同步举行。活动期间，顾客凡是购买金龙鱼食用油，即可领取红运双联刮卡一张，刮开即有机会赢得新年大奖，包括种类多样的苏泊尔高档套锅。同时，凭红运双联刮卡购买苏泊尔炊具，还可获赠金龙鱼食用油。同时，苏泊尔和金龙鱼还联合开发了“新健康食谱”，编纂成册送给大家，并举办健康烹调讲座，告诉大家怎样选择健康的油和锅。

活动正值春节前后，活动一经推出，立刻获得了广大消费者的欢迎，不仅苏泊尔锅、金龙鱼油的销售大幅上涨，而且其健康品牌的形象也深入人心。

在这次合作中，苏泊尔、金龙鱼在成本降低的同时，品牌和市场得到了又一次提升：金龙鱼扩大了自己的市场份额，品牌美誉度得到进一步加强；苏泊尔则进一步强化了中国厨具第一品牌的市场地位。这正是强强联合带来的双赢局面。

事实表明，两个公司实施强强联合，充分发挥各方的优势，发掘更多更大的潜力，形成一个更大更有力的拳头，会将蛋糕做得比原来两个蛋糕之和还要大。总之，他们将蛋糕做得越大，双方的收益也就越大。这就是现实版的猎鹿博弈，它告诉我们，双赢才是最佳的合作效果，合作是利益最大化的武器。

背叛，还是合作——囚徒困境

1950年，数学家阿尔伯特·塔克任斯坦福大学客座教授，在一次讲演时，他运用两个囚徒的故事对博弈论做了生动而形象的描述，这便是现在被认为是博弈论的经典问题——“囚徒困境”问题。这个故事生动地描述了博弈论的本质特征，直到现在它仍然被当作经典案例在哲学、社会学、政治学、经济学乃至生物学等学科中广为引用。

所谓囚徒困境，故事有很多版本，大意是这样的：

有两个人一起做坏事，结果被警察发现抓了起来，但是警察没有充分的证据起诉他们。于是，警方就将二人隔离开，分别关在两个独立的不能互通信息的牢房里进行审讯。在这种情形下，两个囚徒都可以做出自己的选择：或者供出他的同伙（即与警察合作，从而背叛他的同伙），或者保持沉默（也就是与他的同伙合作，而不是与警察合作）。这两个囚徒都知道，如果他俩都能保持沉默的话，就都会被释放，因为只要他们拒不承认，警方无法给他们定罪。但警方也明白这一点，所以他们就给了这两个囚徒一点刺激：如果他们中的一个人背叛，即告发他的同伙，那么他就可以被无罪释放，同时可以得到一笔奖金。而他的同伙就会被按照最重的罪来判决，并且为了加重惩罚，还要对他施以罚款，作为对告发者的奖赏。当然，如果这两个囚徒互相背叛的话，两个人都会被按照最重的罪来判决，谁也不会得到奖赏。

那么，这两个囚徒该怎么办呢，是选择互相合作还是互相背叛？从表面上看，他们应该互相合作，保持沉默，因为这样他们俩都能得到最好的结果：自由。但他们不得不仔细考虑对方可能采取什么选择。其中一个人马上意识到，他根本无法相信他的同伙不会向警方提供对他不利的证据，然后带着一笔丰厚的奖赏出狱而去，让他独自坐牢。这种想法的诱惑力实在太大了。但他也意识到，他的同伙也会这样来设想他。所以唯一理性的选择就是背叛同伙，把一切都告诉警方。因为如果他的同伙保持沉默，那么他就会是那个带奖出狱的幸运者；而如果他的同伙也根据这个逻辑向警方交代了，那么，一起服刑，起码他不必在这之上再被罚款。所以其结果就是，这两个囚徒根据理性逻辑得到了最糟糕的结论：坐牢。

这就是经典的囚徒困境。以全体利益而言，如果两个参与者都合作保持沉默，总体利益更高，结果也比两人背叛对方的情况较佳。但两人均只追求自己个人利益，均衡状况会是两个囚徒都选择背叛，结果两人受到的刑罚均比选择合作时更高，总体利益较合作更低。这就是“困境”所在。

虽然“坦白从宽、抗拒从严”的道理人人都懂，而从博弈论的角度来看，实际上就是一个囚徒困境的应用。“囚徒困境”被看作博弈论的代表性案例，不仅因为其简单易懂，还在于它的现象在日常生活中广泛存在。

美国普林斯顿大学古尔教授曾经发表过一篇文章，讲述了一个有趣的例子：

年龄相近的两兄弟一起玩耍时，经常吵架打闹。不耐烦的父亲忍无可忍时宣布了一条规定："你们两个自己好好玩，不许来吵我。否则的话，不管你们谁向我告状，我都会把你们两个关起来。"

结果，两人玩耍时，哥哥抢了弟弟的玩具，弟弟打不过哥哥，又不敢告状，因为被关起来比没有玩具玩更糟糕。于是他对哥哥说："快把玩具还给我，不然我就告诉爸爸。"哥哥也不笨，他不屑地回答："你才不敢呢。你要是真的告了状，我当然会倒霉，可是你也一样。你现在不过是没有玩具玩，告了状就要被关起来。所以，你才不会去告状呢。"因此，哥哥洋洋得意地玩了起来。

的确，作为"一个有理性的经济人"，弟弟应该选择忍气吞声。可是，实际生活中的弟弟，绝大多数时候不是经济学中的理性人，他们做不到彻头彻尾的理性。更有可能出现的情形是：弟弟跑去向爸爸告状，两人都被关了起来。为什么会这样呢？基于这样一种心理："你不让我玩，我让你也玩不成。"这也就是为什么我们总是成为"囚徒"。

囚徒困境结局的出现，都是源于对自己利益的考虑。现代社会中，虽然许多人都明白"背叛"并不能使自己获得最大收益，却仍然要选择"背叛"，也都是利益使然。

现实中，很容易找到囚徒困境的例子。以平日里最常见的企业广告竞争为例。

甲乙两个公司通过广告相互竞争，若甲公司提高广告质量，乙公司不提高，则当甲公司广告被顾客接受时，它会夺走乙公司的部分收入。若二者同时发出质量类似的广告，对双方来说则收入增加很少但成本增加很大。若两家都不提高广告质量，则谁的生意都不会被对方夺走。

于是，双方可以这样选择：

达成协议，谁也不再提高广告的质量——合作。

一方提高广告质量，抢夺对方市场——背叛。

两方都提高广告质量，展开更激烈的争夺——互相背叛。

而在商场竞争中，甲乙两个公司会如何选择？

从个人理性的角度看，两个公司就像两个囚徒一样，不信任对方，无法合作。这样，当背叛成为支配性策略时，两个公司都将陷入广告战，而广告成本的增加很可能就会损害它们的收益。最后，甲乙公司便陷入囚徒困境之中。

甲乙公司互相背叛，选择提高广告质量，这对于唯利是图的商人来说，是正确的选择。但这一举动，增加了两个公司的负担，也浪费了资源。在彼此信息不对称、不信任的氛围下，他们让企业的个体利益占据了主导地位，最终换来的却是彼此都费力不讨好的结果——让竞争更加剧烈。而在激烈的竞争中，有可能一方会胜出，但是元气大伤；也有可能两败俱伤；更不幸的是，如果这时有第三方插入，坐收渔翁之利，那么双方的损失会比预期更大。而这也是商场竞争中不可避免的博弈。

通过两个例子，囚徒困境的应用已经展现，这足够引起我们的思索：当面临利益攸关的选择，成为被困的囚徒时，我们应该做出什么样的选择？

在个人利益至上氛围的渲染下，人们似乎已经不再相信这样的思维——合作与利他将会带来更好的利己，于是他们成了被困的囚徒。而博弈理论认为，实现合作、改变竞争规则是赢取博弈的根本出路。在身陷困境的时候，慎重考虑自己与他人的利益关系，做出双赢选择是最理想的解决问题的方法。

一锤子买卖，还是长期合作——重复博弈

买过保险的朋友可能都有过下面的感受：当我们初次购买诸如汽车保险等保险产品时，常常会犹豫不决，不知该如何选择保险公司和保险产品。一方面是担心花冤枉钱买了没必要的产品；另一方面又害怕一旦意外发生，保险公司找出一大堆理由来推卸责任不予理赔。当我们正在艰难地权衡时，保险公司的经纪人往往会信誓旦旦地说："请放心，为了留住客户，我们公司一定会提供最优质的服务。而且，我们公司非常注重培育老客户，一旦你成为老客户，将会享受到更大的优惠！"同时，我们也常常会对经纪人说上一句："如果你能够提供更优惠的产品和服务，我会每年都在你这里买的。否则，我就要考虑换一家保险公司了。"

相信上面的场景，许多朋友或多或少都经历过：一个说会照顾老客户，另一个说自己打算做长期客户。双方采用谈判的核心，都是围绕每年买保险来展开的。用博弈语言来说，他们进行的是一个"重复博弈"。

由此看来，所谓重复博弈是指同样结构的博弈重复多次，其中的每次博弈成为“阶段博弈”。重复博弈是动态博弈中的重要内容，它可以是完全信息的重复博弈，也可以是不完全信息的重复博弈。重复博弈说明，对未来的预期是影响我们行为的重要因素。一种是预期收益：这样做，将来有什么好处。另一种是预期风险：这样做可能将来面临的问题。这都将影响个人的策略。

比如，你在社区开了一家便利店，此时你就要考虑预期的收益和风险。因为你的赢利靠的是那些“回头客”——周围的居民，他们是你的衣食父母。如果你欺骗顾客，那么你就会面临失去长期赢利机会的风险。所以，此时你最好选择诚实对待顾客。

其实，在任何博弈中，表现最好的策略直接取决于对方采用的策略，特别是取决于这个策略为双方合作留出多大的余地。这个策略的基础是下一步对于当前一步的影响足够大，即未来是重要的。总的来说，如果你认为今后将难以与对方相遇，或者你不太关心自己未来的利益，那么，你现在可以选择适度地背叛，而不用担心未来的后果；反之，如果你们今后见面的机会很大，那么你最好还是选择与对方合作。

从上面的分析中我们看出，当人们之间进行的是一场没有明天的一次性博弈时，大家都倾向于选择欺骗、背叛。而只有当人们之间进行的是一种重复博弈时，大家才会恪守诚信。所以说，平时我们讲信用而不骗人，不过是重复博弈里的一种手段罢了。

我们知道，在单个的“囚徒困境”博弈中，双方采取对抗的策略可使个人收益最大化。假设甲乙二人进行博弈，甲乙均采取合作态度，双方的收益均为50元；甲合作、乙对抗，则甲的收益为0元，乙的收益为100元；乙合作、甲对抗，则甲的收益为100

元，乙的收益为0元；甲乙二人均对抗，则双方收益均为10元。由此我们可以看到，如果双方都合作，每个人都将得到50元，而如果双方都对抗，则各自只能得到10元。那么，人们为什么还会选择对抗而不是合作呢？原因就在于这是一个一次性博弈的“囚徒困境”——无论对方选择什么，选择对抗总是我的最优策略，作为一个“理性经济人”，我自然就会选择对抗了。

的确，如果就一次性博弈来看，双方选择对抗是必然的结果。但是，如果甲乙具有长期关系（比如他们是生意上的长期合作者），那么情况则有所改观。因为我们可以做如下推理：如果双方一直对抗，那么大家每次都只能获得10元的收益；如果合作，则每次都可得到50元。最重要的是，假定甲选择合作而乙选择对抗，那么乙虽然在这一次可以多得到50元（100-50=50），但从此甲不再与他合作，乙就将损失以后所有的得到50元的机会。因此从长远利益来看，选择对抗对双方而言并不聪明，合作反而是两人最好的选择。这是完全符合经济学原理的，也更真实地反映了日常生活中人们合作与对抗的关系。比如在公共汽车上，两个陌生人会为一个座位争吵，因为彼此知道，这是一次性博弈，吵过了谁也不会再见到谁，因此谁也不肯在嘴上吃亏；可如果他们相互认识，就会相互谦让，因为他们知道，以后还会有碰面甚至交往的可能。两个朋友因为什么事情发生了争吵，如果不想彻底决裂，通常都会在争吵中留有余地，因为二人日后还要重复博弈。

重复博弈同样可以用来解释商业行为。比如下班回家的路上，你像往常一样去菜场买菜，当你对某种菜的质量有疑虑时，卖菜人常会讲：“你放心，我一直在这儿卖呢！”这句朴实的话中其实包含了深刻的博弈论思想：我卖与你买是一个次数无限的重复博弈，我今天骗了你，你今后就不会再来我这儿买了，所以我不会骗你的，菜的质量肯定没问题。而你在听了卖菜人的上述一句话后，常常也会打消疑虑，买菜回家。相反，你在出差或旅行的车站或景点购物时会发现，这些人群流动性大的地方，不但商品和服务质量差，而且假货横行。这是因为此时在商家和顾客之间不是重复博弈。一个旅客不大可能因为你的东西好而再次光临，这种一次性博弈，是“一锤子买卖”，不赚白不赚。对方卖了假货给你，你也只好自认倒霉，多半不至于搭车赶回来和人较真。

具体来说，重复博弈可以减少欺骗，增加相互信任。经过长期的博弈，理性的人们会认识到，重复博弈是一个最好的选择，否则大家谁也没有好处。于是，双方相互的欺骗行为减少了，诚信就随之产生了。在与大型商业的合作中，信任是达成协议的前提，相信对方不会欺骗自己从而实现双方的共赢是商业合作的目标。我们做的买卖是不是“一锤子买卖”？如果是偶然因素决定的一次性博弈，双方必然以个人利益最大化为考虑，达到双输的无效均衡无可厚非；但在长期的多次博弈中，只要相互信任、互相理解、互相体谅、互相宽容、互相帮助，使结果共同趋向有效均衡是大有可能的。

如果你是一个高瞻远瞩的人，希望获得长远的利益、实现长久的合作，就必须在重复博弈上做文章。

做出与多数人相反的决策——酒吧博弈

酒吧博弈问题是美国教授布莱恩·阿瑟在1994年提出的，其理论模型是这样的：

假设一个小镇上总共有100人很喜欢泡酒吧，每个周末要么去酒吧活动，要么待在家里。这个小镇上只有一间酒吧，能容纳60人，并不是说超过60人就禁止入内，而是因为设计接待人数为60人，只有60人时酒吧的服务最好，气氛最融洽，最能让人感到舒适。第一次，100人中的大多数去了这间酒吧，导致酒吧爆满，他们没有享受到应有的乐趣。多数人抱怨还不如不去。于是第二次，人们根据上一次的经验认为，人多得受不了，决定还是不去了。结果呢？因为多数人决定不去，所以这次去的人很少，享受了一次高质量的服务。没去的人知道后又后悔了。

问题是，小镇上的人应该如何做出去还是不去的选择呢？

小镇上的人的选择有如下前提条件的限制：每一个参与者面临的信息只是以前去酒吧的人数，因此，只能根据以前的历史数据归纳出此次行动的策略，没有其他的信息可以参考，他们之间也没有信息交流。

在这个博弈过程中，每个参与者都面临着一个同样的困惑，即如果多数人预测去酒吧的人数会超过60而决定自己不去，那么最终去酒吧的人数反而会很少，这时候做出的预测就错了。反过来，如果多数人预测去的人数会少于60，因而去了酒吧，那么最终去的人会很多，超过了60，此时他们的预测也错了。也就是说，一个人要做出正确的预测，必须知道其他人如何做出预测。但是在这个问题中，每个人的预测所根据的信息来源是一样的，即过去的历史数据，而并不知道别人当下如何做出预测。

这就是著名的“酒吧博弈”。酒吧博弈的核心思想在于，如果我们在博弈中能够知晓他人的选择，然后做出与其他大多数人相反的选择，我们就能在博弈中取胜。

生活中有很多例子与这个模型的道理是相通的。

《史记·货殖列传》记载：战国初，魏文侯任用李悝为相国，厉行改革，加强统治。他实行保护农民利益和发展农业的“平籴”法。所谓平籴，就是国家在丰收年份用平价买进粮食，到荒年时以平价卖出，使粮价保持稳定。这样一来，不但促进了政治和经济的发展，并且也使魏国成为战国初期的强国之一。

李悝的经济改革，尤其是所实行的平籴法，是受一个名叫白圭的商人的启发产生的。经过反复思考，白圭想出了一种适应时节变化的经商致富办法，这就是“反向行之”。

这个办法说起来也很简单，就是找出大家都在做的事，然后做与他们相反的事。

按照这个办法，在丰收季节，农民收的粮食很多，大家都不要，价钱也就便宜下来了，他就大量买下粮食。这时，粮价虽然很低，但蚕丝、漆等因不到收获的季节，没有大量上市，价钱自然很高，他赶紧把这些货物卖出去。

到了收丝时节，蚕丝大量上市，价钱贱下来，而粮价却高了起来。这时，他就收进蚕丝，卖出粮食。就在这买进卖出之间，牟利致富。

我国古代虽然还没有出现博弈这个名词，但是战国时期的商人白圭已经在很好地运用其中的一种博弈了，即酒吧博弈。

有句格言说："假如所有人都向同一个方向走，这个世界必将覆灭。"此话包含着深刻的酒吧博弈智慧。所以，如果用一句话概括酒吧博弈中的理性策略，那就是找对众人心。因为知道其他人的想法之后，你就可以采取对策，站在少数人中，从而避开现实中的种种"拥堵"现象。

在酒吧博弈中，真正制胜的关键就在于参与者是否可以分析出大多数人的想法，然后敢于走违背大多数人的想法的那一条路。

在现实生活中，如果这样做了，你就能找到一个机会和空间。在酒吧博弈的过程当中，如果注意到了别人忽视的或者不被看好的东西，那么你手中就握有了决胜的筹码。

有位中国茶商到南方贩茶叶，可等他到达目的地时，大吃一惊，原来当地的茶叶已被先到的商人订购一空。"绝境"之下，他灵机一动，想出了一条"逢生"之路，即刻将当地用来盛茶叶的箩筐全都买下。不久，当比他早到的茶商得意地欲将购买的茶叶运回时，才惊奇地发觉市场上已无箩筐可买。此时，这位茶商抛出了事先购进的箩筐，"弃茶卖箩"使他获得了一笔不菲的收益。

无独有偶。19世纪中叶，美国加州传来发现金矿的消息。许多人以为机不可失，纷纷奔赴加州。17岁的小农夫亚默尔加入了这支庞大的淘金热的队伍。他历尽千辛万苦赶到加州，经过一段时间，他同多数人一样，没有挖到一两金子。淘金梦是美丽的，山谷中的艰苦生活却难以忍受。特别是气候干燥，水源奇缺，寻找金矿的人最痛苦的是没有水喝。许多人一面寻找金矿，一面不停地抱怨。

甲嘀咕："谁让我喝一壶凉水，我情愿给他一块金币。"

乙宣布："谁让我痛饮一顿，我给他两块金币。"

丙发誓："老子出三块金币。"

这些人发完牢骚后又继续挖起金矿来。亚默尔却想：如果将水卖给这些人喝，也许比挖金矿能更快找到钱。于是，他毅然放弃找金矿，将手中的铁锹由挖金矿变成挖水渠，从远方将河水引进水渠，经过细纱过滤，成为清凉可口的饮用水。然后他将水装在桶里，运到山谷一壶一壶卖给挖金矿的人痛饮。当时有人嘲笑他胸无大志，千辛万苦赶到加州来，不去挖金子发大财，却干这种蝇头小利的买卖；这种小生意在哪里不能干，何必老远跑到这里来？亚默尔毫不介意，继续卖他的饮用水。结果，许多人深入宝山，却空手而回，有些人甚至忍饥挨饿，流落异乡，而他在很短的时间内靠卖水赚到了数千美元。在当时，这是一笔很可观的财富了。

显然，上面两个事例中的人在无意中运用了酒吧博弈策略，避开了大多数人走的路，另辟蹊径，从而取得了成功。

其实，"不寻常"有的时候确实是成功的一个诀窍。成功的机会以及可以助我们成功的资源都是有限的，只有一部分少数者才能拥有，因此，在这种多人博弈中，如果你盲目从众，无异于踩上了一颗地雷，自取灭亡。只有绕开从众的误区，走与众不同的路，才能找到一条生路。在生活中，我们也可以发现，往往是那些与众不同的少数者，能够顺风顺水地改变命运。

放弃沉没的成本——协和谬误

博弈论专家经常将“骑虎难下”的博弈称为协和谬误。这个博弈源于这样一个事例：

20世纪60年代，英国和法国政府联合投资开发大型超音速客机，即协和飞机。

在当时，开发一种新型商用飞机简直可以说是一场豪赌，单是设计一个新引擎的成本就可能高达数亿美元。想开发更新更好的飞机，实际上等于把公司作为赌注押上去。但是英法两国的政府主意已定，坚决投资开发。在飞机的研制过程中，英法政府发现：继续投资开发这样的机型，花费会急剧增加，但这样的设计定位能否适应市场还不知道，而停止研制将使以前的投资付诸东流。随着研制工作的深入，他们更是无法做出停止研制工作的决定。协和飞机最终研制成功，但因飞机的缺陷（如耗油大、噪音大、污染严重等）、成本太高、不适合市场竞争，最终被市场淘汰，英法政府为此蒙受了很大的损失。在这个研制过程中，如果英法政府能及早放弃飞机的开发工作，会使损失减少，但他们没能做到。

后来，博弈论专家就把这种因一个错误而诱发更多错误的困境叫作“协和谬误”。

协和谬误给我们的启示在于：在错误已经发生的情况下，我们要做的不是顾忌太多导致错上加错，而是认赔服输，尽早出局，以减少损失。

很多时候，人们往往会陷入类似的误区。如果你面对的是一项投资巨大的工程，一旦继续投资，你就会发现并无太大的意义。但是已经花费的资金覆水难收，如果希望以前的财力、人力不至于白费，人们往往选择继续投资，把事情坚持到底，可到最后却赔得血本无归。即使事情成功，却没有任何现实意义。

我们把那些已经发生、不可收回的支出，如时间、精力、金钱称为“沉没成本”。沉没的意思是说，如果你在正式完成交易之前投入的成本，一旦交易不成，就会白白损失。但如果对沉没成本过分眷恋，就会继续原来的错误，造成更大的损失。生活中不乏这样的事例。

妈妈给女儿王丽买了一架价值两万多元的钢琴，希望能激发王丽对音乐的热情。

可王丽偏是一个爱动的孩子，一分钟也闲不下来，她根本没有办法静下心来弹钢琴。结果，钢琴根本没使用，不久，上面都布满了灰尘。

妈妈看到钢琴从买来到现在几乎没有弹过，非常心疼，她整天想怎样才能让钢琴派上用场。恰好，妈妈的一位同事说，有一位音乐学院钢琴专业的老师愿意给王丽做家教，教她弹钢琴，问妈妈同意吗。妈妈想："花这么多钱买的钢琴，不学岂不浪费了，还是请个家教吧。"因此，妈妈又不惜重金，以一堂课500元的代价给王丽请了一个家教，每个周末上两节课。可是半年之后，妈妈不得不辞退了家教，只因为王丽对弹钢琴根本没有任何兴趣。因为心疼两万多元的钢琴，王丽的妈妈又花费了5000元的家教费。

大多数经济学家认为，如果你是理性的，那就不该在做决策时考虑沉没成本，而是应该忘记已经发生的行为和已经支付的成本。如果你已经对某个项目进行了投资，但当你用发展的眼光去衡量这个项目时，发现它并不能给你带来利益，反而会让你亏损，那么，你现在最好的选择是及时放弃，不要惋惜自己曾经投下去的资金、精力等。如果你希望用加大投资力度的方式来拯救这个项目的话，可能赔得会更多。因此，在做决策时应该注意：如果发现一项计划是错误的，就应该及时悬崖勒马，尽早回头。如果顾忌沉没成本，其结果往往是错上加错，使结果更糟。

某老板原计划在某岛投资两亿元，兴建大酒店。在工程兴建一半时，正赶上国家宏观政策调控，当地的旅游市场也随之不景气。老板说："当时我意识到，这里的旅游市场还需要几年的调整期，此时如按计划继续投资，定会给企业带来高额亏损。当你知道已经做了一个错误的决策时，就不要再对已经投入的成本斤斤计较，而要看对前景的预期如何。"对前景的观望，使他做出了一个明智的决定：暂时放弃。

在博弈中，一旦陷入骑虎难下的困境中，及早退出是明智之举。虽然这个道理大家都明白，但是当局者往往很难做到，这就是所谓当局者迷。当然，这种明知是错仍然一错到底的行为也是可以理解的。每个人都有“损失憎恶”倾向，都不愿意“浪费”资源，但有时候这种行为是“不理智”的，因为你没有考虑到继续下去只会给自己带来更多的损失。

总之，协和谬误困境是现实中我们经常遇到的，一旦意识到自己置身于骑虎难下的困境了，就应该理智地及早收手、及时止损，否则损失势必会更加惨重！当然，这并不是鼓励人们半途而废，而是鼓励人们放弃那些本该放弃的。

第七章

宏观经济学：关心国计民生

外星人买果子——汇率

有一天，一个外星人到地球参观，看到地球上有两棵果树，一棵种在欧洲，另一棵种在中国，都结了果子。外星人很眼馋，对地球人说："我要买你们的果子吃。"

地球人说："好，但要先确定你到哪里去买：到中国去买，1元人民币1个；到欧洲去买，1欧元1个。"

外星人说："那我用1欧元买1个好了。"

地球人说："且慢！其实你不用花钱就可以，你先从中国借1个果子，到欧洲去换1欧元，拿1欧元到中国去，就可以换10个果子，拿其中1个果子还给中国人，你就白得了9个果子。然后，你拿9个果子再去换9欧元，再到中国去换90个果子。接着再拿这90个果子再去换90欧元，到中国去换900个果子——这样下去，中国的好东西都被你买光了！"

外星人说："哪有这样的好事！那中国人为啥不到欧洲去卖个好价格？"

地球人说："中国有关方面规定10元人民币=1欧元，就是规定了10个中国的果子=欧洲1个果子！"

这就是汇率在发挥作用。

汇率亦称外汇利率，外汇汇率或外汇行市，指的是两种货币之间兑换的比率。一般来说，一国货币兑换另一国货币的比率，是以一种货币表示另一种货币的价格。由于世界各国货币的名称不同，币值不一，所以一国货币对其他国家的货币要规定一个兑换率，即汇率。

汇率是国际贸易中最重要的调节杠杆。因为一个国家生产的商品都是按本国货币来计算成本的，要拿到国际市场上竞争，其商品成本一定会与汇率相关。汇率的高低也就直接影响该商品在国际市场上的成本和价格，直接影响商品的国际竞争力。例如，由1美元兑换8元人民币，调整为1美元兑换7.66元人民币，表现为人民币升值。升值前，中国市场上售价为人民币8000元一台的电视机出口到美国后卖1000美元即可获取相应利润；人民币升值后，如果在美国市场还卖1000美元，按新的汇率折算后只能换回7660元人民币，少收入340元人民币，如果要想维持原利润水平，就必须在美国市场上将每台电视机卖到1044.4美元（8000元人民币÷7.66比价=1044.4美元），即每台涨价44.4美元，这必然影响中国对美国的出口。由于美元是世界主要流通货币，等于中国出口商品在世界范围内对自己实行没有好处的涨价。反之，原来售价1000美元的美国产品，现在进入中国市场后标价7660人民币即可获取与原来相同的利润，比原来标价8000元降低了340元，从而增加了美国产品在中国的竞争力。

从上面的分析中可以得知，当一国货币升值后，该国进口商品的价格下降，出口商品的价格上升。这有利于进口贸易和对外投资，不利于出口贸易，影响本国商品在国外的竞争力，间接影响本国国民的收入，造成失业增加，拉大贫富差距，等等，在以出口拉动经济的国家中这种影响尤为明显。

一段时期以来，人民币面临升值的压力。美国要求人民币升值的一个重要考量就是，人民币升值可导致中国出口商品在国际市场上的成本有较大幅度的增加，打击中国商品的竞争力，并反过来刺激中国大量进口他们的商品。这也是近年来美国一再挑起贸易战，并宣称中国为“汇率操纵国”的主要原因。所以，人民币的持续升值，会使中国出口企业面临严重的生存危机。这些出口企业大部分是劳动密集型的，这样在这些企业工作的劳动者将面临失业的压力。

如果人民币持续升值、美元不断贬值、我国经济仍保持高速增长，国际游资和热钱会以各种方式和手段进入我国股票市场和房地产市场，这部分资金规模大、流动快、趋利性强，是造成金融市场动荡的潜在因素。

人民币的持续升值、外资的进入，造成中央银行（人民银行）以外汇占款形式投放的基础货币相应增加，货币供给量在持续增长，流动性过剩；同时，人民币的持续升值、外资涌入将推动资产价格上涨，其产生的“财富效应”将引起国内其他产品价格的上涨，这样使我国目前面临通货膨胀的压力。另外，对于外债，作为债权人的国家和企业，随着本币的不断升值，其损失也在不断增加。作为世界上持有美元外汇储备最多的国家，我国是美国的债权人，在人民币升值、美元贬值的过程中，损失很大。

由于这些原因，人民币在我国当时实行的就是盯住美元的汇率政策。中国大陆的进出口额高速稳步增长，中国经济的稳定增长，在很大程度上都是得益于稳定的人民币汇率政策。

当然，人民币升值也是有好处的。自2005年以来，人民币处于持续升值的进程中。人民币升值为我们带来了一些什么影响呢？出国留学更便宜了，外国品牌商品的价格降低了，出国旅游更省钱了。哪怕人民币只升值2%，你在国外消费时，花费会降低大约2%。所以，想要到国外学习的人可以抓住这个机会，因为人民币升值了，你出国的费用减少了，减轻了经济上和思想上的负担，自然就更方便出国了。即使你不做这些，汇率上升也可能与你有关系，因为现在很多人以购买外汇作为理财项目、投资种类。

汇率其实是一个非常复杂的决定机制，汇率是货币的核心，货币是金融的核心，金融是经济的核心。是各个国家之间主要利益集团博弈的结果，是各个阶层利益最大化博弈的结果。

汇率作为国际金融关系乃至国际经济关系正常发展的重要纽带，几乎已渗透到包括经济生活的一切领域，并发挥着日益重要的作用。汇率不但会影响一国的物价、就业和经济的增长速度，而且会影响其经济结构的调整和经济增长的质量。汇率的剧烈波动所带来的灾难性后果是很多人并不清楚的。就像在日本、东南亚，当汇率剧烈升值或剧烈贬值时，财富在一夜之间就灰飞烟灭了，几十年辛苦攒下的财富一天就没了，一个产业可能就垮掉了，一个国家可能十几年都缓不过劲来。

世界上没有完美无缺的事物，对于任何一个国家来说，汇率都是一把“双刃剑”。汇率变动究竟会带来怎样的好处与坏处，要视一个国家的具体情况而定。

吃烂苹果也可以创造财富——GDP

有两个非常聪明的经济学天才，他们经常为一些高深的经济学理论争辩不休。一天饭后去散步，为了某个数学模型的证明，两位天才又争了起来。正在难分高下的时候，他们突然发现前面的草地上有一个烂苹果。甲就对乙说，如果你能把它吃下去，我愿意出5000万美元。五千万美元的诱惑可真不小，吃还是不吃呢？乙掏出纸笔，进行了精确的数学计算，很快得出了经济学上的最优解：吃！于是，甲损失了5000万美元。两个人继续散步，突然又发现一个烂苹果，这时候乙开始剧烈地反胃，而甲也有点心疼刚才花掉的5000万美元了。这时乙说，你把它吃下去，我也给你5000万美元。于是，不同的计算方法，相同的计算结果——吃！甲心满意足地收回了5000万美元，而乙似乎也找到了一点心理平衡。可突然，两天才同时号啕大哭：闹了半天我们什么也没有得到，却白白地吃了两个烂苹果！他们怎么也想不通，只好去请他们的导师——一位著名的经济学家给出解释。

听了两位高足的故事，没想到导师也号啕大哭起来。好不容易等情绪稳定下来后，导师颤巍巍地举起一根手指头，无比激动地说：1个亿啊！1个亿啊！你们仅仅吃了两个苹果，就为国家的GDP贡献了1亿美元的产值！

故事听起来虽然有些荒谬，但发人深省。

首先让我们了解一下什么是GDP？GDP即国内生产总值，也就是英文“Gross Domestic Product”的缩写。通常我们对GDP的定义为：一定时期内（一个季度或一年），一个国家或地区的经济中所生产出的全部最终产品和提供的服务市场价值的总值。这也是目前各个国家和地区通常采用的衡量国民经济发展情况最重要的一个指标。

GDP是宏观经济中最受关注的统计数字，它是用来衡量国家或地区社会财富的尺子。这里所指的社会总财富是没有民族和国籍之分的。也就是说，一国的领土范围之内，无论肤色，不管国内企业还是外国企业，只要它是在这个时间所创造的都归入GDP内。例如，诺基亚在中国的分公司所获得利润就要计入中国的

GDP，而不能计入芬兰的GDP；联想在美国的公司所获得利润就会计入美国的GDP，而不会计入中国的GDP。

一般来说，国内生产总值有三种表现形态，即价值形态、收入形态和产品形态。从价值形态看，它是所有常住单位在一定时期内生产的全部货物和服务价值超过同期投入的全部非固定资产货物和服务价值的差额，即所有常住单位的增加值之和；从收入形态看，它是所有常住单位在一定时期内创造并分配给常住单位和非常住单位的初次收入之和；从产品形态看，它是所有常住单位在一定时期内所出产的最终使用的货物和服务价值减去货物和服务进口价值。在实际核算中，国内生产总值有三种计算方法，即生产法、收入法和支出法。三种方法分别从不同方面反映国内生产总值及其构成，理论上计算结果相同。

20世纪80年代初，中国开始研究联合国国民经济体系的国内生产总值（GDP）指标，于1985年开始建立GDP核算制度。1993年中国正式取消国民收入核算，GDP成为国民经济核算的核心指标。

1986年，中国GDP第一次突破1万亿元，之后用了14年的时间，在2000年第一次突破10万亿元。2006年，GDP突破20万亿元之后，开启了加速模式，每两年就突破1个十万亿整数位，到2016年，中国GDP已经突破70万亿元。之后两年，虽然经济增速有所放缓，但是，因为作为基数的总盘子越来越大，GDP实现了每1年就突破1个十万亿整数位。2018年，中国GDP更是突破90万亿元，约合13.6万亿美元，按可比价格计算，比2017年增长6.6%，实现了6.5%左右的预期发展目标。2020年中国GDP突破了100万亿元大关。

2018年中国6.6%的GDP增速在全球前五大经济体中，仍然是最快的。从增量角度看，2018年，全球经济新增量的30%来自中国，在各经济体中贡献最大。如果按美元计算，中国2018年比上一年新增了大约1.3万亿美元，这和澳大利亚一年的GDP大致相当。但是，作为全球第二大经济体，中国与第一大经济体之间的差距仍然是不可小视。中国GDP13.6万亿美元，约等于美国GDP的66%，大概相当于2006年美国GDP的水平。

一般来说，GDP的增长速度反映了一个国家经济发展的速度。如果一个国家的GDP大幅增长，说明这个国家经济蓬勃发展，国民收入增加，消费能力也随之增强。反过来说，如果一个国家的GDP出现负增长，显示该国经济处于衰退状态，国民的消费能力也会随之降低。

美国著名经济学家保罗·萨缪尔森认为，GDP是20世纪最伟大的发明之一。他将GDP比作描述天气的卫星云图，能够提供经济状况的完整图像，能够帮助领导者判断经济是在萎缩还是在膨胀，是需要刺激还是需要控制，是处于严重衰退还是处于通胀威胁之中。如果没有像GDP这样的总量指标，政策制定者就会陷入杂乱无章的数字海洋而不知所措。

衡量穷人和富人差距的指标——基尼系数

《圣经·马太福音》中有这样一个故事：

一位主人要到外国去，就把他的三位仆人叫来，按他们的才干分给他们一些银子。第一个得了五千两，第二个得了二千两，第三个得了一千两。

主人走后，第一个仆人用五千两银子做买卖，又赚了五千；第二个仆人用两千两银子做买卖，赚了两千；第三个仆人则把一千两银子埋在了地下。

过了一段时间，主人回来了，跟仆人们算账。

他听说第一个仆人赚了五千两银子，就说："好，我要把许多事派你管理，可以让你享受主人的快乐。"

他听说第二个仆人赚了两千两银子，也说："好，我要派你管理很多的事，让你享受主人的快乐。"

当他听说第三个仆人把银子埋在了地下，就骂了这个仆人一顿，并决定收回他这一千两银子，分给拥有一万两银子的人。

这个故事的结尾，有这样几句："凡有的，还要加给他，叫他有余；没有的，连他所有的也要夺过来。"

这个故事的寓意是贫者越贫，富者越富。用经济学术语来说，这就是收入分配中的"马太效应"。在国民收入分配领域，马太效应进一步显现出贫者越贫、富者越富的状态，因此，用以测量贫富差异程度的基尼系数应运而生。

基尼系数是意大利经济学家科拉多·基尼于1912年提出的，定量测定收入分配的差异程度，国际上用来综合考察居民内部收入分配差异状况的一个重要分析指标。

其经济含义是：在全部居民收入中，用于进行不平均分配的那部分收入占总收入的百分比。基尼系数最大为"1"，最小等于"0"。前者表示居民之间的收入分配绝对不平均，即100%的收入被一个单位的人全部占有了；而后者则表示居民之间的收入分配绝对平均，即人与人之间收入完全平等，没有任何差异。

但这两种情况只是在理论上的绝对化形式，在实际生活中一般不会出现。因此，基尼系数的实际数值只能介于0—1。数值越低，表明财富在社会成员之间的分配越均匀；数值越高则相反。

目前，国际上用来分析和反映居民收入分配差距的方法和指标很多。由于基尼系数给出了反映居民之间贫富差异程度的数量界线，它可以较客观、直观地反映和监测居民之间的贫富差距，预报、预警和防止居民之间出现贫富两极分化，因此得到世界各国的广泛认同和普遍采用。

一般来说，按国际组织的有关规定，基尼系数低于0.2表示收入过于公平；而0.4是社会分配不平均的警戒线，故基尼系数应保持在0.2—0.4，低于0.2社会动力不足；高于0.4，社会不安定。

人类社会的发展存在许多微妙的规则。在财富的创造与分享中，一个明显的悖论是：没有差异则没有动力，而差异太大，就会产生破坏力。任何一种社会治理形态都需要寻找一个贫富差距适当的阈值，以保持社会前进的活力和动因，但又要小心防范贫富差距过大而失去公平。这也是我们学习经济学的原因之一。

总体而言，基尼系数是一个反映收入分配公平程度、衡量收入分配差距的指标。对此，要科学认识，科学运用。

衡量富裕程度的指标——恩格尔系数

作为经济学领域，少数几个广为人知的统计指标，恩格尔系数被定义为食品消费占个人总支出的比重。

恩思特·恩格尔是19世纪德国统计学家，他在研究人们的消费结构变化时发现了一条规律，即一个家庭收入越少，这个家庭用来购买食物的支出所占的比例就越大，反过来同样成立。而这个家庭用以购买食物的支出与这个家庭的总收入之比，就叫恩格尔系数。这是因为食品属于缺乏弹性的商品，我们收入增加但不会增加食物量，收入增加后增加的几乎都是弹性大的商品。由此可以得出结论，对一个国家而言，这个国家越穷，其恩格尔系数就越高；反之，国家越富，其恩格尔系数越是下降。这就是世界经济学界所公认的恩格尔定律。

恩格尔系数是根据恩格尔定律得出的比例数，是表示生活水平高低的一个指标。其计算公式如下：

恩格尔系数：食物支出金额÷总支出金额×100%

据说联合国粮农组织提出了一个划分贫困与富裕之间的标准：恩格尔系数在59%以上为绝对贫困；50%~59%为勉强度日；40%~50%为小康；30%~40%为富裕；30%以下为特别富裕。

回顾改革开放40年，中国的恩格尔系数稳步下降。1978年，中国城镇居民家庭的人均生活消费支出为311元，恩格尔系数为57.5%；农村居民家庭的人均生活消费支出为116元，恩格尔系数为67.7%。2017年全国居民恩格尔系数为29.39%，这是历史上中国恩格尔系数首次跌破30%，由“3字头”时代迈入“2字头”时代。2018年，恩格尔系数为28.4%，再创历史新低。恩格尔系数的变化说明我国城乡广大居民的生活质量稳步提高。随着经济的迅速发展，人们花在食物上的支出相对于以前已经多出不少，但是食物支出占整个家庭支出的比例呈现下降的趋势，花在住房、汽车、教育、娱乐等其他方面的支出占据越来越大的比重，这就是恩格尔系数在不断降低的原因。

恩格尔系数的降低表明消费结构的变化，消费结构的变化表明生活质量的提高，而在生活质量提高的背后是什么呢？无疑是经济的发展，人民收入水平的提高。

值得注意的是，恩格尔系数的变化并不能直观、单一地解释成积极或消极的社会现实，应客观、理性、科学地看待。恩格尔系数的变化及其背后的消费新趋势也提示人们今后要顺应消费升级来改善生产结构、投资结构以及消费的基础设施，使消费红利充分释放，让消费更好地发挥对经济发展的基础性作用。

凶猛的金融巨鳄——热钱

热钱又称游资或叫投机性短期资本，它是一些投资者为了追求最高报酬及最低风险，在国际金融市场上迅速流动的短期投机性资金。它的最大特点就是短期、套利和投机。但它有很大的风险性，正是由于它，20世纪90年代墨西哥爆发了金融危机。

1994年3月，墨西哥革命制度党的总统候选人遇刺，使人们对墨西哥政局的稳定及经济前景的信心动摇。大量资金从墨西哥外逃，仅证券市场外流资金就高达180亿美元。墨西哥的国际贸易逆差迅猛加剧，外汇储备大量减少。为了改善这种情况，1994年12月20日，墨西哥政府宣布本国货币比索对美元汇率的浮动范围扩大到15%，但这实际上意味着比索的贬值。政府本来希望借此抑制资金外流，不料投资者更加失去信心，资本外流更加凶猛。从20日至22日，短短的三天时间，墨西哥比索兑换美元的汇价就暴跌了42%，这在现代金融史上都是极为罕见的。从1994年12月至1995年3月，墨西哥发生了一场比索汇率狂跌、股票价格暴泻的金融危机，直到以美国为主的500亿美元的国际资本援助到位后，这场金融动荡才于1995年上半年趋于平息。然而，这场金融危机的震撼力已经波及全球，首当其冲的便是阿根廷、巴西、智利等经济结构与墨西哥相似的拉美国家。他们都存在着债务沉重、贸易逆差、币值高估等经济问题，由于外国投资者担心墨西哥金融危机有可能扩展到整个拉美，便纷纷抛售这些国家的股票，由此引发了拉美股市暴跌。结果仅在1995年1月上旬，短短十多天里，整个拉美证券市场就损失了近90亿美元的市值。这场由热钱酿成的金融风暴，迄今为止都让世界谈之色变。

一般来说，热钱进入一个国家的市场，是为了寻找套利机会，这一过程中就会造成资本市场的极不稳定，它们会抬高物价，并且热钱一旦进入一个国家的市场，就并非一成不变，并且很难清除出去，一些长期资本在一定情况下也可以转化为短期资本，短期资本可以转化为热钱。

热钱的产生与扩大，是多种因素促成的。首先，20世纪七八十年代，一些国家开始放松金融管制，取消对资本流入、流出国境的限制，使热钱的形成成为可能。其次，新技术革命加速了金融信息在全世界的传播，极大地降低了资金在国际间的调拨成本，提高了资本流动速度。最后，以远期外汇、货币互换和利率互换、远期利率协议、浮动利率债券等为代表的金融创新，为热钱提供了新的投资品种和渠道。这些因素加速了金融市场全球化进程，使全球国际资本流动总量大幅增加，热钱的规模和影响也随之越来越大。

在21世纪初期，国际热钱也曾大规模流入我国，一方面，热钱大量流入我国资本市场，表明国际投资者看好我国的经济走势；另一方面，热钱的流入无疑暗藏着诸多风险，对当时我国经济的发展和金融领域的安全也不免产生了一定的负面影响。

首先，热钱进来对经济造成推波助澜的虚假繁荣。从我国当时的情况看，热钱在赌人民币升值预期的同时，乘机在其他市场如房地产市场、债券市场、股票市场以及其他市场不断寻找套利机会。最明显的莫过于房地产市场。2005～2010年，我国房地产价格直线上升，不能排除一些套利资本进入了我国的房地产市场。

其次，热钱大量进入，加大外汇占款规模，影响货币政策正常操作，扰乱金融体系的正常运行，加剧国内通货膨胀的压力。这大大增加了央行的操作成本，同时使得我国货币政策主动性不断下降，货币政策效果大打折扣，增加了通货膨胀的压力。

再次，热钱流入人为加大了人民币对外升值的压力。只要人民币升值预期不变，随着流入热钱的增多，人民币升值的压力就会越大。

最后，热钱的流出同样会使经济剧烈波动，如房地产价格迅速回落、债券价格以及股票市场大幅震荡等。

热钱进来不是它的目的，而是准备着要出去。大量境外热钱一旦非法流入过快过多，通过炒作中国地产或股市后再利用股市震荡之机迅速退出，中国多年的经济增长成果将毁于一旦。因此，提高治理热钱的监管方法和手段非常迫切。

从长远看，应不断完善人民币汇率形成机制，进一步发挥市场机制的基础性作用，避免给热钱提供持续套利投机的空间。同时，着眼于当前监管中的重点渠道、重点环节，加强监管协作，严厉打击各类违法违规外汇交易活动，有效防范和遏制热钱流入。

2002年，曾经担任美国总统经济顾问委员会主席、世界银行首席经济学家、2001年诺贝尔经济学奖得主约瑟夫·斯蒂格利茨教授出版专著《全球化及其不满》，详尽剖析了投机热钱对国家金融稳定的巨大危害。他的结论是："我们必须采取措施对'热钱'实现监管和征税。国际金融组织不仅不应该反对和阻挠对热钱的监管和征税；相反，它们应该行动起来，更好地监管投机'热钱'。"

贸易争端的协调者——WTO

20世纪后期，日本汽车工业一派欣欣向荣，"车到山前必有路，有路就有丰田车"。这是其汽车工业繁荣最好的例证，与之相反，美国的汽车工业则发展缓慢。1980年，美日之间爆发了旷日持久的汽车贸易战。从1980年到1992年，双方有关汽车贸易摩擦的谈判几乎就没有间断过。到了1992年，时任美国总统的老布什亲自带领美国汽车制造商组团到日本进行谈判。精明的日本人欲擒故纵，同意从该年起将对美轿车出口量由230万辆降至165万辆，紧接着便暗度陈仓，进一步扩大日本公司在美国本土的汽车生产，并通过在其他国的汽车生产，借助第三国将汽车源源不断开入美国。

面对这种情况，1993年美国总统克林顿在《美日框架协议》中要求日本进一步开放汽车市场，但遭拒绝。到了1995年5月16日，美国政府终于决定实施单边报复，宣布将对来自日本的豪华轿车征收100%的关税。这一举措顿时在日本国内引起轩然大波，并迫使日本人“真正地”坐下来与美国人谈判。在经过拉锯式的磋商后，双方终于达成《美日汽车及汽车零件协议》。日本同意放宽对汽车配件市场的管制，增加购买美国生产的汽车零配件数量，美国则放弃了对日出口汽车及其零配件一贯设定数量目标的做法。自此，这场美日汽车贸易大战趋向缓和。然而，还远远不到画上句号的时候，双方的摩擦仍然时断时续。

为了更好地解决各国间的贸易纷争，维护世界经济和贸易的秩序，1995年成立了世界贸易组织（World Trade Organization，WTO）。

世界贸易组织的前身是1947年订立的《关税及贸易总协定》（GATT）。鉴于《关税及贸易总协定》的一些局限性，各缔约方普遍认为有必要在《关税及贸易总协定》的基础上建立一个正式的国际经贸组织来协调、监督、执行乌拉圭回合的成果。

1990年初，欧共体轮任主席国意大利提出建立多边贸易组织的倡议。7月9日，欧共体把这一倡议以12个成员的名义向乌拉圭回合谈判体制职能谈判小组正式提出。同年4月，加拿大非正式地提出建立一个体制机构。瑞士与美国分别于1990年5月17日和10月18

日，分别向关贸总协定体制职能谈判小组正式提出提案。这些设想从各自的角度提出未来国际贸易组织机构的职责及性质。

经过磋商，1990年12月，在乌拉圭回合布鲁塞尔部长级会议上，贸易谈判委员会提议起草一个组织性协议。此后，“建立多边贸易组织协定”成为1992年12月的乌拉圭回合最终协议草案的一个有机组成部分。经过两年多的修改和讨价还价，1993年11月，乌拉圭回合谈判结束前，各方原则上达成了《建立世界贸易组织协定》。

1993年12月15日，乌拉圭回合谈判胜利结束。1994年4月15日，在摩洛哥马拉喀什召开的关贸总协定部长级会议上，乌拉圭回合谈判的各项协议均获通过，并采取一揽子方式（无保留例外）加以接受。根据其中《建立世界贸易组织协定》的规定，1995年1月1日世贸组织（WTO）正式成立，负责管理世界经济和贸易秩序，总部设在瑞士日内瓦莱蒙湖畔。

1996年1月1日，世贸组织正式取代关贸总协定临时机构。它是具有法人地位的国际组织，在调解成员争端方面具有更高的权威性。WTO的最高决策权力机构是部长会议，至少每两年召开一次会议。部长会议下设总理事会和秘书处，负责世贸组织日常会议和工作。总理事会设有货物贸易、非货物贸易（服务贸易）、知识产权三个理事会和贸易与发展、预算两个委员会。总理事会还下设贸易政策核查机构，它监督各个委员会并负责起草国家政策评估报告。它对美国、欧盟、日本、加拿大每两年起草一份政策评估报告，对最发达的16个国家每4年一次，对发展中国家每6年一次。上诉法庭负责对成员间发生的分歧进行仲裁。

WTO的宗旨是：促进经济和贸易发展，以提高生活水平、保证充分就业、保障实际收入和有效需求的增长；根据可持续发展的目标，合理利用世界资源、扩大商品生产和服务；达成互惠互利的协议，大幅度削减和取消关税及其他贸易壁垒并消除国际贸易中的歧视待遇。

WTO的基本原则是在继承《关税和贸易总协定》基本原则的前提下，进行了必要的补充和修改。它们来自1994年的GATT、服务贸易总协定以及历次多边贸易谈判所达成的一系列协议。最主要的原则表现在以下几个方面：

1. 最惠国待遇原则

最惠国待遇即缔约一方现在与未来给予任意第三方的优惠，也给予全部缔约方。最惠国待遇在国际贸易中是指签订双边或多边贸易协议的一方，在贸易、关税、航运以及公民法律地位等方面，给予任意第三方的减让、特权、优惠或豁免时，缔约的另一方或其他的缔约方都能获得同种待遇。

2. 国民待遇原则

国民待遇即在贸易条约或者协议中，缔约方之间互相保证给予对方的自然人（公民）、法人（企业）以及商船在本国境内享有的待遇与本国自然人、法人以及商船相同。也就是将外国的商品与本国商品同等对待，将外国企业与本国企业同等对待。这样做的目的就是公平竞争，防止歧视性保护，从而使贸易自由化得以实现。

3. 无歧视待遇原则

无歧视待遇原则是WTO中最重要的原则之一，它又可称为无差别待遇原则。它规定，缔约方一方在实施某种限制或禁止措施时，对其他缔约方不允许实施歧视待遇。无歧视待遇的原则是，要求每个缔约方在所有的贸易活动中全部要给予其他缔约方以平等的待遇，使所有缔约方都可以在相同条件下进行贸易。

4. 互惠原则

互惠即两国或多国之间，在贸易利益或特权方面的相互或相应地让步。互惠原则体现在运输、关税、非关税壁垒方面削减以及知识产权方面的互相保护等。

5. 关税减让原则

关税与非关税措施是国家管制进出口贸易的两种最常用的方式。相对于名目繁多的非关税措施而言，关税最大的优点是它具有公开性与可计量性，可以清晰地反映出关税对国内产业的保护程度。关税在WTO中是唯一合法的保护方式。WTO最重要的原则之一就是不断地降低关税。当前，关税的总体水平，发达国家约在4%以下，发展中国家大约是10%。

6. 取消数量限制原则

数量限制在非关税壁垒中是最常用的方法，是政府惯用的伎俩，通常被用来对进出口数量进行限制。WTO所倡导的是贸易自由化，主张将所有的非关税壁垒取消。数量限制的主要形式包括配额、进口许可、自动出口约束和禁止。

7. 透明度原则

WTO的主要宗旨是贸易自动化与稳定性，而要想实现这一宗旨，就必须增强贸易规章与政策措施的透明度。所以，WTO规定各缔约方的贸易法律、规章、政策、决策以及裁决势必公开的透明度原则。其目的就是防止缔约方之间进行不公平的贸易。透明度原则在货物贸易、技术贸易以及服务贸易中，已经成为各缔约方应该遵守的一项基本原则，它关系到贸易的任何领域。

随着国际社会经济贸易的不断发展，国际经贸领域的贸易战也日见频繁。在解决国际经济贸易纠纷方面，世界贸易组织自成立以来就发挥着重要作用。中国于2001年加入了WTO，中国入世首席谈判代表龙永图曾经打趣说："一个大个子和小个子发生矛盾时，大个子最喜欢两个人面对面解决，把小个子拉到阴暗的角落里单挑，狠揍一顿。小个子则希望把冲突拿到人多势众的地方去，希望有人来主持公道，请大家来讲点道理。"这也恰恰说明了世贸组织成立的目的就在于要公平、公正地处理各国贸易活动中所发生的争端，建立平等互利的健康的国际贸易秩序。

2007年11月，欧盟认为从中国进口大量碳钢紧固件冲击了本地同类产品的正常生产，危及生产者利益与产业生存。遭受冲击的欧盟产业规模超过欧盟内部碳钢紧固件生产者总数的27%，达到了"占显著比重"，欧盟决定对原产于中国的钢铁紧固件进行反倾销立案调查。

2009年1月，欧盟对此案作出肯定性终裁。中国9家抽样企业中5家获得63.1%至79.5%的单独税率。另外3家获得单独审查地位的非抽样企业中，2家获得0%税率，另1家税率为26.5%。96家非抽样合作企业获得77.5%的平均税率。中国其他企业统一税率为85%。该案全中国涉案7.6亿美元，浙江省涉案3.2亿美元，嘉兴市涉案9700万美元，涉及嘉兴市紧固件生产和贸易企业90家。

2009年7月31日，以嘉兴市紧固件企业为代表通过行业协会促成商务部将欧盟有关立法及反倾销措施诉诸世贸组织争端解决机制。此案成为我国在WTO起诉欧盟的第一案。

2011年7月15日，世贸组织上诉机构发布报告，最终裁定中国与欧盟关于紧固件的贸易争端中方胜诉，要求欧盟于2012年底完成相关法律的修改。此后，中方一直密切关注欧委会对上诉机构裁决的执行情况。

2012年10月，欧盟迫于WTO的压力仅将反倾销税微降至74.1%，微调税率只是隔靴搔痒，修法则不予执行。

2013年10月，中国政府再次利用WTO争端解决机制提起执行之诉，要求欧委会彻底纠正本案中的所有违规做法。

2016年1月18日，WTO就此案发布执行异议程序上诉机构报告，裁定中国胜诉。

2016年2月27日，欧盟委员会发布公告称，根据WTO争端解决机构的相关裁决，决定自公告发布次日正式取消对原产于中国钢铁紧固件的反倾销措施。

这是中国在WTO胜诉欧盟第一案的始末。可见，中国加入世贸组织，有助于争取和维护中国在国际经济舞台上的发言权和利益，有助于中国制止种种与WTO规则相悖的歧视性贸易行为，维护中国正当的贸易利益，为中国进一步加快改革开放的步伐和更快地推动经济增长创造一个良好的国际环境。

随着经济地位的确立，我国在国际上社会地位的提升，很多的经济问题可以得到更加公平合理地解决，中国在国际上的声望也有了进一步的提升。但是，国际贸易绝不会风平浪静，摩擦总会难免。只有进一步提升企业自身实力，吃透WTO的游戏规则，随时做好准备，才能真正“任凭风浪起，稳坐钓鱼台”。

劳伦斯魔咒——经济周期

1999年，经济学家安德鲁·劳伦斯总结出一个“摩天大楼指数”，将经济危机与摩天大楼的建成联系起来。他发现，世界最高大楼的开工建设，与商业周期的剧烈波动高度相关，大楼的兴建通常都是经济衰退到来的前兆，劳伦斯把这个发现称为“百年病态关联”：大厦建成，经济衰退，称为“劳伦斯魔咒”。

过去100年，摩天大楼指数频频“显灵”，记录惊人。美国纽约胜家大厦和大都会人寿大厦1908年前后落成，接着金融危机席卷全美，数百家中小银行倒闭；1913年伍尔沃斯大厦落成，美经济出现收缩；1973年世贸中心、1974年芝加哥西尔斯大厦相继落成，“滞胀”来袭；1997年吉隆坡双子塔楼成为世界最高建筑，亚洲金融危机爆发；2010年1月，全球第一高楼哈法利塔落成，迪拜危机来临。

其实我们可以看到，劳伦斯魔咒背后的道理并不复杂：世界经济的发展有周期性波动的特征，经济总是在繁荣与萧条之间转换。当我们选择了市场经济时，就同时选择了与市场经济相伴的经济周期。因此，波动性的经济周期在市场经济中是难以避免的。

所谓经济周期，也可以称为商业周期、景气循环，它是指经济运行中周期性出现的经济扩张与经济紧缩交替更迭、循环往复的一种现象，是国民总产出、总收入和总就业的波动。

在通常情况下，一个完整的经济周期可以划分为四个阶段：复苏—繁荣—衰退—萧条。其中，经济的复苏和繁荣阶段构成了经济周期中的扩张期，而经济的衰退和萧条阶段则构成了经济周期中的收缩期。在经济周期的上升阶段，即繁荣阶段，最高点称为“顶峰”。然后物极必反，顶峰也是经济由盛转衰的转折点，此后经济就进入下降阶段，即衰退。衰退严重则经济进入萧条，衰退的最低点称为“谷底”。当然，谷底也是经济由衰转盛的一个转折点，此后经济进入上升阶段。经济从一个顶峰到另一个顶峰，或者从一个谷底到另一个谷底，就是一次完整的经济周期。

经济周期一般有长短之分，一般而言，有以下几种经济周期的学说。

1. 库兹涅茨周期（长周期）

1930年，美国经济学家西蒙·库涅茨提出的一种为期15年至25年、平均长度为20年左右的经济周期。由于该周期主要是以建筑业的兴旺和衰落这一周期性波动现象为标志加以划分的，所以也被称为“建筑周期”。

2. 朱格拉周期（中周期）

1862年，法国医生、经济学家克里门特·朱格拉在《论法国、英国和美国的商业危机以及发生周期》一书中首次提出，市场经济存在着9～10年的周期波动。这种中等长度的经济周期被后人一般称为“朱格拉周期”，也称“朱格拉中周期”。

3. 基钦周期（短周期，又称短波理论）

1923年，美国的约瑟夫·基钦从厂商生产过多时就会形成存货、减少生产的现象出发，他在《经济因素中的周期与倾向》中把这种2～4年的短期调整称为“存货周期”，人们亦称这种周期为“基钦周期”。

4. 康德拉季耶夫周期（长周期或长波理论）

1925年，苏联经济学家尼古拉·康德拉季耶夫提出的一种为期50～60年的经济周期。该周期理论认为，从18世纪末期以后，经历了三个长周期：第一个长周期是从1789年到1849年，上升部分为25年，下降部分为35年，共60年。第二个长周期是从1849年到1896年，上升部分为24年，下降部分为23年，共47年。第三个长周期是从1896年起，上升部分为24年，1920年以后进入下降期。

回过头我们再来看劳伦斯魔咒是怎样起作用的：在利率降低的投资旺期，很多企业规模扩张需要更大的办公空间，且地产商贷款购买大量土地导致市中心地皮飞涨，于是摩天楼自然成了建筑首选。登天竞赛展开帷幕，而当经济随着最高的摩天楼爬到顶点时，过度繁荣带来的生产结构混乱和经济泡沫开始导致利率和成本提高，于是经济衰退期开始。

简单来说就是，在繁荣阶段，宽松的货币政策和财政政策往往会鼓励大型项目的投资，摩天大楼是最直观的体现——投资会进一步把经济推向更加繁荣。但由于过度投资、投机以及随之而来的货币紧缩政策，繁荣并不会无止境地持续下去。当因过度投资与投机心理而引起的泡沫开始危及实体经济时，经济衰退，一个经济周期以摩天大楼的完工成为转折点。由此看来，令人恐惧的魔咒，其实也可以转换成为我们对经济走势的预测工具。

值得庆幸的是，劳伦斯魔咒并不是次次都灵验，2004年12月31日世界第一高楼台北101大厦正式启用。劳伦斯魔咒没有显灵，此时台湾经济平稳发展，世界经济一路高歌猛进，“摩天大楼指数”遭遇破产。而且即使灵验，经济放缓或者衰退的程度有多深，并不是这个魔咒能左右的，还是掌握在经济调控者自己的手中。

人们在现实生活中普遍认为经济波动具有破坏的作用，从而忽略了它的积极影响。其实，经济波动在市场经济中往往能推动企业进行改革，加快技术的改造，提高管理效率。老子说的“祸兮，福之所倚”是有道理的。

对个人来说，经济周期可以通过很多渠道影响我们。例如，在产出上升时，找工作变得比较容易；在产出下滑时，寻找一份理想的工作就会比较困难。而经济永远在繁荣和衰退之间循环，人们对于未来生活总是从乐观的高峰跌到失望的深渊，又可能在某种契机下雄心再起。

凡事有利也有弊。既然经济周期的起伏波动是客观规律，危机也是无法避免的客观存在，而且有其积极作用，那么正确的态度就是要善于把问题转化为机遇，寻找危机背后潜藏的机遇。

国家宏观经济调控的手段——货币政策

在美国的一个社区，一些年轻夫妇组成了一个互助社，相互帮忙照看孩子。因为在美国，把小孩单独留在家里是违法的。这些年轻的夫妇们想出了一个妙计：今天汤姆家夫妻俩要出门，就把孩子交给辛迪家，辛迪夫妇反正也要照顾自己的小孩，多照顾几个也费不了多少工夫，改天辛迪家两口子要出去，就可以把孩子交给汤姆家照顾。

这个主意得到了大家一致的认同，竟然有150对年轻的夫妇报名参加。但有一点难办了，怎么才能保证大家得到的机会是公平的呢？也就是说，怎样让每对夫妇照顾他人孩子的次数和自己孩子被照顾的次数相等呢？

互助社的管理人员想出了一个办法：发行“看顾券”给每对夫妇。大家凭看顾券互相帮助。比如，汤姆家的孩子要让辛迪家照顾两个小时，那么汤姆夫妇就得给辛迪夫妇两张看顾券。这样，只要没人作弊伪造看顾券，则每对夫妇的付出就都会大致等于回报。

但不知为何，一段时间以后，夫妇们发现手上流通的看顾券的数量越来越少了。于是，夫妇们开始警惕，开始攒看顾券以备不时之需，不再像往常那样热爱出门了，这样就不用过多浪费看顾券。因为一对夫妇的外出是另一对夫妇赚看顾券的机会，所以大家都感到看顾券越来越难赚，变得更加不愿意外出了。结果，这个互助社就陷入了一种类似于总需求不足，产出低于生产能力的“经济衰退”，照看孩子的数量低于照看孩子的能力。

无奈，参加互助社的夫妇们达成了一个协议，规定每对夫妇一个月至少外出两次，但这没有解决实际问题，大家还是不愿意出门。最终还是经济学家出了点子，让互助社增加发行看顾券。这样流通中的看顾券多了，夫妇们外出的顾虑少了，于是照看孩子赚看顾券的机会又多了，流通中的看顾券也就多了……于是，合作社从“经济衰退”中走了出来。

这个例子和我们现实中的货币政策有异曲同工之意。

所谓货币政策也就是金融政策，是指中央银行为实现其特定的经济目标而采用的各种控制和调节货币供应量和信用量的方针、政策和措施的总称。货币政策的目的在于通过控制货币供给影响利率，从而影响投资，并最终影响国民收入。中央银行实施货币政策，有三样制胜“法宝”：调整法定准备金率、变更贴现率和公开市场业务。

1. 调整法定准备金率

中央银行可以通过改变商业银行的法定准备金率来控制货币供给。

2. 变更再贴现率

中央银行可以利用再变更再贴现率手段影响商业银行的贷款

数量，并最终控制货币供给量。

3. 公开市场业务

公开市场业务是指中央银行在金融市场上公开买卖政府债券以影响货币供给量的货币政策手段。中央银行可以根据经济运行的状况，在公开的金融市场上买卖政府的债券等有价证券。

除了上述三大手段，中央银行还可以采取其他手段如严格或放宽信贷条件、贴现配额等。货币政策的实质是国家对货币的供应根据不同时期的经济发展情况而采取“紧”、“松”或“适度”等不同的政策趋向。

通常，货币政策分为扩张性货币政策和紧缩性货币政策两种。

扩张性货币政策是通过提高货币供应增长速度来刺激总需求。这种政策让信贷的取得更为容易，利息率会降低。因此，在总需求与经济的生产能力相比很低时，使用扩张性的货币政策最合适。在2008年美国爆发的金融危机影响到我国经济发展时，2009年我国采用适当宽松的货币政策，利息较低，全社会贷款总额持续上涨。

紧缩性货币政策是通过削减货币供应的增长率来降低总需求水平。这种货币政策因为取得信贷较为困难，利息率也随之提高。因而，当出现较为严重的通货膨胀时，采用紧缩性的货币政策较合适。

货币政策有稳定物价、增加就业、促进国民经济增长和平衡国际收支四大作用。其调节的对象是货币供应量，即全社会总的购买力，具体表现形式为流通中的现金和个人、企事业单位在银行的存款。流通中的现金与消费物价水平变动密切相关，是最活跃的货币，一直是中央银行关注和调节的重要目标。

由于低失业率和第二次石油价格的冲击，1979年美国的年通货膨胀率上升到13%，对经济产生了不良影响，所以，美国联邦储备委员会决定利用紧缩性货币政策来抑制这次通货膨胀。与以往不同的是，美联储倾向于关注准备金和货币供给的增长，而不是利率，以便能够迅速降低通货膨胀。

通过这次政策，美国的货币供给量大幅度减少，利率上升到自南北战争以来的最高水平。随着利率的上升，投资及其他利率敏感性支出显著减少。这次政策确实对抑制通货膨胀产生了很好的效果，到1982年为止，通货膨胀率已降低到4%。

从这个事例可以看出，国家的货币政策犹如一只“大手”，不断地矫正着国家经济发展的方向，对经济产生了重大的影响。如果我们对国家的货币政策有个清晰而深入的了解，那么对于判断国家宏观调控的方向就有着重要的帮助。